CURSO BÍBLICO LOGOS

"CRESCENDO NA GRAÇA E CONHECIMENTO DE NOSSO SENHOR E SALVADOR JESUS CRISTO..."
2 PEDRO 3:18

Ao adquirir uma de nossas revistas você está contribuído para a implantação e manutenção de escolas bíblicas no Continente Africano.

LOGOS PUBLISHER
CASA PUBLICADORA

EQUIPE EDITORIAL

Diretor Geral: **Rev. Edson Jr.**

Secretário Executivo: **Leandro Zardo**

Consultor Teológico: **Pr. Sergio Reinaldo**

Edição e Revisão : **Nilda Nunes**

Projeção Gráfica: **Ivaldi Dias**

Capa: **Najaro Anambuk**

Autor: **Pr. Daniel Dantas**

ISBN - 978-1-0686009-0-6

Logos Publisher
Kingsway House, Church Road | Hove BN3 2DL 134-140 Unit 8

www.logospublisher.org

+44 7999 469400
+44 1273915984

contato@logospublisher.org

CONSIDERAÇÕES GERAIS **3**

SOBRE O AUTOR **6**

INTRODUÇÃO AO ESTUDO **7**

AULA 1 .... **10**

Presença: Um santo remédio para a família

AULA 2 .... **19**

Paternidade: Como formar homens na era da desmasculinização

AULA 3 .... **30**

Maternidade: Como formar mulheres femininas em tempos de feminismo

AULA 4 .... **41**

Fortalecendo laços à mesa

AULA 5 .... **50**

Como se posicionar em relação à ideologia de gênero?

AULA 6 .... **60**

O meu casamento está em crise. O que fazer?

AULA 7 .... **69**

Uma pandemia chamada pornografia

AULA 8 .... **79**

Cuidado com quem você permite que frequente a sua casa

AULA 9 .... **89**

Culto doméstico realmente funciona?

AULA 10 .... **100**

Finanças: A culpa não é só do salário

AULA 11 .... **110**

Famílias reais: Estou frustrado. Minha família não é como as que vejo no Instagram

AULA 12 .... **120**

Não negocie seu casamento

AULA 13 .... **132**

Perdão: o caminho para restauração

CONSIDERAÇÕES GERAIS

Neste trimestre abordaremos um tema de elevada importância. Trataremos sobre diversas questões extremamente relevantes envolvendo a família. Os temas foram escolhidos de forma intencional em função dos diversos ataques desferidos contra as famílias na contemporaneidade, o que exige de nós um posicionamento firme, sóbrio e bem embasado a fim de não sucumbirmos frente às orquestrações ideológicas e filosóficas existentes em nosso tempo. O descuido em relação a estas temáticas tem resultado em prejuízos catastróficos e, por vezes, irreparáveis para muitas famílias.

O nosso propósito com este trabalho é realizar uma espécie de alerta em relação aos muitos perigos aos quais nossas famílias estão expostas diariamente, daí a razão da escolha do tema central ser "Famílias em risco".

O que fazer diante dos desafios enfrentados por nossas famílias nos dias atuais?

Para responder a essa e outras perguntas pertinentes ao tema proposto, no decorrer de nosso estudo trataremos sobre temas que, por vezes, são evitados em nossas igrejas devido ao seu auto grau de complexidade e sensibilidade. Abordaremos questões relativas à desmasculinização dos jovens homens; ao resgaste da feminilidade de nossas jovens em tempos de ardilosas campanhas de caráter feminista; à infidelidade conjugal; à pornografia, à ideologia de gênero; à necessidade de desenvolvermos relacionamentos mais profundos e fortes no ambiente intrafamiliar; e muitos outros temas que consideramos indispensáveis serem observados a fim de preservarmos nossas famílias nesses dias laboriosos.

Os conteúdos desta revista foram elaborados pelo estimado pastor Daniel Dantas, que generosamente contribuiu conosco no desenvolvimento de mais esse conteúdo. O texto escrito tem como insígnias a assertividade e acessibilidade no que tange à forma como os temas foram tratados, o que permitirá que o estudante tenha melhores condições de absorção e aprendizado. O pastor Daniel é também o autor dos conteúdos da revista "Guarda o coração", um dos materiais de maior repercussão da Logos Publisher até então.

Nosso desejo e oração é para que, ao final deste ciclo, cada estudante esteja mais consciente em relação ao tema abordado, mas, além disso, oramos para que sejamos despertados a mudar nossa postura nas áreas em que constatarmos que estamos falhando, a fim de não amargarmos o fracasso familiar, o que, lamentavelmente, muitos já têm experienciado.

Aproveitamos para externar nossa gratidão a Deus por todos que tem disposto suas capacidades e talentos para que este conteúdo este disponível. Aos que se dedicam a ensinar e aos que se dispõem a aprender nos diversos lugares em que este material chegar, seja em formato impresso ou digital. Que Deus os abençoe em tudo, produzindo abundante graça em cada coração.

Por fim, oramos para que este material seja instrumento para a cura, restauração e fortalecimento de famílias aonde quer que ele chegar.

Como é feliz quem teme ao Senhor, quem anda em seus caminhos!

Você comerá do fruto do seu trabalho, e será feliz e próspero.

Sua mulher será como videira frutífera em sua casa; seus filhos serão como brotos de oliveira ao redor da sua mesa.

Assim será abençoado o homem que teme ao Senhor! (Salmos 128.1-4)

Editorial Logos Publisher

SOBRE O AUTOR

Daniel Dantas é mineiro de Ituiutaba-MG.

Nascido em lar cristão, sempre frequentou a Escola Bíblica Dominical, onde teve o prazer de lecionar por vários anos.

Cursou teologia primeiramente pela ETAD e posteriormente no IMP, em Uberlândia-MG.

É graduado em Psicanálise e pastor pela Assembleia de Deus-Campo de Campinas, em Goiânia.

Autor de dois livros sendo: um sobre relacionamento, para jovens cristãos, outro sobre Apocalipse; também faz parte do time de comentaristas da Logos Publisher.

INTRODUÇÃO AO ESTUDO

Chegamos ao início de mais um trimestre de estudos e estamos com grandes expectativas quanto ao desenvolvimento do tema proposto.

Nas próximas semanas, abordaremos questões pontuais e sensíveis em relação à família. No desenvolvimento do labor pastoral tenho constatado que grande parte dos desafios vivenciados por aqueles que atendemos no gabinete tem suas raízes em questões de caráter familiar.

A família indubitavelmente influencia quem somos e, certamente influenciará quem nos tornaremos; por isso, indivíduos que crescem em famílias desajustadas terão maiores dificuldades ao chegarem à fase adulta, ao passo que o contrário também é verdadeiro: indivíduos que crescem em lares estáveis terão melhores condições de lidar com seus desafios, embora devamos ressaltar que isto não se configura uma regra. Alguém que cresceu em um lar disfuncional pode, por meio de um posicionamento firme em Deus e na vida, ajustar a rota de modo a não repercutir os erros ou faltas com as quais conviveu ao longo de sua infância e formação no ambiente familiar.

Nosso objetivo, contudo, neste material, é lançar luz a questões familiares que por vezes optamos por deixar na penumbra, já que se tratam de temas sensíveis. Fugir de determinados assuntos têm nos colocado em um lugar de risco e, se não nos atermos para esta realidade, o risco pode tornar-se uma tragedia por definição.

Ao pensarmos nos treze temas abordados tivemos o cuidado de refletir sobre questões que envolvem por assim dizer a vida real. Algumas aulas são direcionadas aos pais, outras aos filhos, a partir da ideia de que, ao longo deste período de estudos, todos os membros do contexto familiar sejam de algum modo contempladas por nossas abordagens.

Estamos seguros de que as instruções compartilhadas em mais esta série de estudos contribuirão para que tenhamos famílias mais bem fundamentadas, em dias quando os ventos de ideologias diversas têm soprado com maior ímpeto contra as estruturas de nossas casas.

Nos versos derradeiros de Mateus 7, Jesus faz uso de uma ilustração utilizando duas casas que, depois de concluídas, foram atingidas por uma veemente tempestade; uma foi edificada sobre a rocha, e a outra, sobre a areia. Ambas as casas foram acometidas pela tempestade, mas a que fora construída sobre a rocha resistiu firmemente, pois estava bem fundamentada; a outra casa, entretanto, não resistiu, pois foi edificada sobre a areia e amargou grande ruína.

Este texto nos chama atenção para algo importante: não podemos impedir que ventos e tempestades nos sobrevenham, mas podemos escolher em que tipo de solo iremos edificar nossa casa, se sobre os frágeis rudimentos deste mundo ou se sobre a firme rocha das instruções deixadas por Deus em sua Palavra.

Nossa oração é para que, nestes dias de estudo, o bom Deus possa nos direcionar no estabelecimento de famílias fortes, saudáveis e vigorosas.

Deus abençoe a todos graciosamente.

> *"Quem ouve minhas palavras e as prática é tão sábio como a pessoa que constrói sua casa sobre uma rocha firme. Quando vierem as chuvas e as inundações, e os ventos castigarem a casa, ela não cairá, pois foi construída sobre rocha firme" (Mateus 7.24,25)*

Rev. Edson Jr / Março de 2024

01

PRESENÇA: UM SANTO REMÉDIO PARA A FAMÍLIA

"Melhor é serem dois do que um, porque têm melhor paga do seu trabalho. Porque, se um cair, o outro levanta o seu companheiro; mas ai do que estiver só; pois, caindo, não haverá outro que o levante."
Eclesiastes 4.9,10

"A presença constante na família é o ingrediente que nutre o coração e fortalece os laços para toda a vida, gerando memórias que o tempo jamais vai apagar."
Daniel Dantas

DATA

PROFESSOR

Presença é mais do que simplesmente estar fisicamente presente; é estar verdadeiramente presente em corpo, mente e espírito. Na dinâmica familiar, a presença é uma força transformadora que molda o caráter, fortalece os laços afetivos e promove o crescimento espiritual. Precisamos aprofundar nossa compreensão a respeito da importância da presença familiar, fundamentada nos princípios bíblicos, e explorar maneiras práticas de cultivá-la em nosso cotidiano.

A IMPORTÂNCIA DA PRESENÇA DOS PAIS NA CRIAÇÃO DOS FILHOS

Os pais desempenham um papel crucial na formação e na orientação de seus filhos. O exemplo de Noé é um testemunho inspirador de como a presença ativa dos pais pode impactar positivamente a vida das gerações futuras. Noé não apenas obedeceu ao chamado de Deus para construir a arca, mas também envolveu seus filhos no projeto, transmitindo-lhes valores de fé, obediência e perseverança.

A missão mais nobre de um homem é conseguir transmitir aos seus filhos a dádiva de amar a Deus. Noé foi quem ouviu a voz do Senhor, mas envolveu seus filhos na realização do projeto divino.

O rei Salomão exorta aos pais a ensinarem os filhos no caminho em que deve andar. Ensinar o caminho é apontar o caminho, mas ensinar no caminho é caminhar junto.

Por outro lado, a história de Davi nos alerta para as consequências dolorosas da ausência e da negligência paterna. Apesar de ser um homem segundo o coração de Deus, falhou em exercer sua autoridade paterna de forma eficaz. Sua ausência emocional e espiritual abriu espaço para que seus filhos, Absalão e Amnon, se desviassem do caminho da retidão, resultando em tragédias que abalaram sua família e sua linhagem. A ausência de uma atitude de Davi associada ao distanciamento de Absalão culminou em estupro, seguido de assassinato (2Samuel 13). Tudo isso poderia ter sido evitado com a simples, mas extremamente necessária, presença firme de Davi, como um pai que, de fato, estivesse presente e atento. Davi foi firme com vários inimigos, mas falhou em sua casa, foi brando em uma situação que exigia firmeza; afinal, a presença paterna não se refere apenas à construção de memórias, mas de correção de rumos.

Que andemos com nossa família, no caminho de crescer e prosseguir em conhecer ao Senhor, e certamente veremos o fruto dessa caminhada: homens e mulheres mais bíblicos e fortes emocionalmente.

A PRESENÇA DOS CÔNJUGES NA VIDA UM DO OUTRO

O relacionamento conjugal é a base sobre a qual a família é construída. A presença e o apoio mútuo entre marido e mulher são fundamentais para nutrir um ambiente familiar de amor, respeito e confiança. No Éden, a ausência de Adão durante o diálogo da mulher com a serpente evidencia a importância da comunicação e do trabalho em equipe dentro do casamento. Quando os cônjuges estão verdadeiramente presentes um para o outro, são capazes de, juntos, enfrentarem os desafios e fortalecerem seu vínculo matrimonial. A presença real dos cônjuges desempenha um papel fundamental no crescimento e no fortalecimento da vida conjugal em diversos aspectos:

1. Apoio emocional:

O cônjuge oferece um apoio emocional essencial durante os momentos difíceis e desafiadores da vida. Ter alguém com quem compartilhar sentimentos, preocupações e alegrias cria um vínculo profundo de confiança e intimidade.

2. Companheirismo e amizade:

A presença do cônjuge proporciona companheirismo e amizade, tornando a jornada da vida mais significativa e gratificante. Ter um parceiro com quem compartilhar interesses, hobbies e experiências fortalece a conexão entre o casal.

3. Tomada de decisões e resolução de conflitos:

Ser presente é fundamental na tomada de decisões importantes e na resolução de conflitos. Trabalhar juntos, como uma equipe, para enfrentar desafios e tomar decisões contribui para um relacionamento saudável e equilibrado.

4. Segurança e estabilidade:

A presença física e emocional do cônjuge proporciona segurança e estabilidade ao casal e à família, como um todo. Saber que existe um parceiro comprometido e confiável ao seu lado traz tranquilidade e confiança para enfrentar os altos e baixos da vida.

OS MALEFÍCIOS DA AUSÊNCIA

A ausência dentro da família pode resultar em uma série de malefícios que afetam não apenas os relacionamentos, mas também o desenvolvimento emocional e espiritual dos membros. Salomão, em sua sabedoria, proclama que “é melhor serem dois do que um” (Eclesiastes 4.9), destacando a importância da companhia e do apoio mútuo dentro da unidade familiar.

A ausência dos pais pode deixar os filhos vulneráveis à influência negativa do mundo, abrindo espaço para que valores e princípios contrários aos ensinamentos bíblicos se infiltrem na vida deles. Além disso, a falta da presença dos pais pode levar a um senso de abandono e solidão em crianças e adolescentes, impactando negativamente sua autoestima e segurança emocional.

Quando os cônjuges estão ausentes um do outro física, emocional ou espiritualmente, os laços da família podem se desfazer. A falta de comunicação, apoio e intimidade pode criar brechas no casamento que são exploradas pelo inimigo, minando a estabilidade e a harmonia do lar.

PODER DA UNIDADE NA FAMÍLIA

Quando os membros da família estão unidos em amor e propósito, Deus se achega à família e ela se torna imbatível, mesmo nos momentos mais difíceis. A unidade familiar proporciona um ambiente de segurança, confiança e suporte mútuo, onde os desafios são enfrentados em conjunto e as bênçãos, celebradas em comunhão.

Em Ezequiel 37, lemos que a movimentação do vento do Espírito fez cada osso unir-se ao seu osso. Um grande exército foi levantado em meio ao caos, porque antes o Espírito soprou, trazendo unidade.

FORMAS DE TER TEMPO DE QUALIDADE EM FAMÍLIA

Tempo devocional:

O tempo devocional em família é uma oportunidade valiosa de fortalecer os laços espirituais e cultivar a fé compartilhada. Durante esses momentos, os membros da família podem ler a Bíblia juntos, compartilhar reflexões sobre as Escrituras e interceder uns pelos outros em oração. Além disso, é uma oportunidade de ensinar valores morais e princípios espirituais aos filhos, ajudando-os a desenvolver uma base sólida para a vida. Estabelecer uma rotina para o tempo devocional, seja pela manhã ou à noite, ajuda a criar consistência e priorizar o crescimento espiritual da família.

Atividades recreativas:

Estas atividades proporcionam momentos de diversão e descontração em família, fortalecendo os laços afetivos e criando memórias duradouras. É importante escolher atividades que sejam do interesse de todos os membros da família, levando em consideração suas preferências e habilidades. Isso pode incluir passeios ao ar livre, como caminhadas em parque, ou mesmo atividades realizadas em casa, como jogos de tabuleiro e noites de cinema. Esses momentos de lazer não apenas promovem a união familiar, mas também proporcionam oportunidades para desenvolver habilidades, trabalho em equipe e resolução de conflitos de forma saudável.

Diálogo aberto:

O diálogo aberto e honesto é a essência de relacionamentos familiares saudáveis e harmoniosos. Criar um ambiente onde os membros da família se sintam seguros para expressar seus pensamentos, sentimentos e preocupações é fundamental para fortalecer os vínculos familiares. Estabeleça momentos específicos, como refeições em família ou caminhadas, para conversas significativas e construtivas. Encoraje a escuta atenta e respeitosa, demonstrando empatia e compreensão. Além disso, esteja aberto ao diálogo sobre questões difíceis ou sensíveis, promovendo uma cultura de transparência e confiança mútua. O diálogo aberto não somente fortalece os relacionamentos familiares, mas também ajuda a resolver conflitos e enfrentar desafios de forma colaborativa.

Integrar essas formas de tempo de qualidade na rotina familiar não apenas fortalece os laços entre os membros, mas também nutre um ambiente de amor, respeito e apoio mútuo.

FIXANDO O APRENDIZADO

1. Por que Noé é citado como um exemplo positivo de presença na criação dos filhos?

____
____
____
____
____

2. Qual é a consequência da ausência dos pais na vida dos filhos?

____
____
____
____
____

3. Qual é a importância do diálogo aberto na promoção da unidade familiar, de acordo com a lição estudada?

____
____
____
____
____

02

PATERNIDADE:

COMO FORMAR HOMENS NA ERA DA DESMASCULINIZAÇÃO[1]

[1]Desconstrução (desfazer, destruir) da masculinidade. Decorre da descaracterização / desconstrução / relativização da masculinidade em que o homem perde as características constitutivas de sua essência conforme criado por Deus, abrindo mão inclusive de seus papéis a partir do estabelecido na Bíblia Sagrada.

"Vou para onde todos na terra irão algum dia. Seja corajoso e seja homem."
1Reis 2.2; Nova Versão Transformadora [NVT]

"Não deverão gerar filhos quem não quer dar-se o trabalho de criá-los e educá-los."
Platão, filósofo e matemático do período clássico da Grécia Antiga

DATA

PROFESSOR

DE PAI PARA FILHO

As últimas palavras de um homem merecem atenção. A gente faz silêncio, aproxima o ouvido bem perto da boca de quem está partindo, a fim de ouvir dele o que pode ser a última declaração ou instrução final. Esta é a cena apresentada no livro de 1Reis, no capítulo 2.

A personagem que está em seus últimos momentos de vida e prestes a proferir suas últimas palavras é alguém bem conhecido, aquele identificado como um homem segundo o coração de Deus.

Davi, o matador de leões, ursos e gigantes, vai falar.

Salomão curva-se diante do leito onde está seu pai e ouve: "Seja homem!"

Isso é fantástico!

Davi não recita um salmo, não compõe um poema, não fornece a seu filho instruções de gestão de governo; ele se limita a dizer: Seja homem e ande segundo a Palavra de Deus. Isso lhe basta! *Se você for homem e andar segundo a Palavra de Deus*, cumprirá seu papel e propósito na vida.

Não haveria conselho melhor para um pai dar a seu filho do que o que Davi deu a Salomão. *Ser homem* não implica somente ser do sexo masculino, vai muito além disso. *Ser homem* está intimamente ligado a ter e manter as características de hombridade e virilidade.

O cenário atual é preocupante e pode ser resumido no relatado a seguir:

> *No dia 11 de fevereiro de 2019 um helicóptero caiu em cima de um caminhão em São Paulo e vitimou além do seu piloto o jornalista Ricardo Boechat. Já não*

bastasse isso ser algo inusitado — afinal, não é todo dia que se vê um helicóptero caindo sobre um caminhão —, a cena ficaria ainda mais trágica.
Leilane Rafael da Silva, então com 29 anos, ao ver o acidente saltou da moto em que estava com o marido e em um ato de heroísmo, quebrou os vidros da janela da porta do caminhão e salvou a vida do motorista que, possivelmente, sem a sua ajuda teria sido consumido pelo fogo.
A vendedora ainda tentou se aproximar do helicóptero que já estava tomado pelas chamas, mas foi impedida. Ela queria salvar os outros homens envolvidos no acidente.

Nessa cena, tínhamos homens mortos, homens feridos e homens para envergonhar a classe masculina. Dezenas de homens presenciaram o ocorrido, mas não se moveram para ajudar a mulher que estava em ação; tudo o que conseguiram fazer sacar o celular e filmar a atitude de Leilane. Enquanto uma mulher desempenhava um papel tradicional esperado de um homem, os homens limitaram-se a filmar a mulher realizando uma função que eles deveriam ter tido iniciativa de fazer.

Aqueles que vivem em estado de "embananamento" masculino não podem reclamar de empoderamento feminino.

O perfil masculino atual é de homens sem virilidade, sem atitude, sem conhecimentos básicos para lidar com finanças, sem desejo de crescimento pessoal, fora do mercado de trabalho (por incompetência), fora das faculdades (por comodismo).

Esse tipo de homem foi bem representado pelos que filmaram aquela mulher em ação. Homens filmando mulheres agindo. Eles representaram perfeitamente o protagonismo invertido na vida, onde o homem já não simboliza o herói e não tem mais consigo a última palavra já que não faz uso nem da primeira.

As mulheres tomaram a frente em papéis que, culturalmente e até espiritualmente, deveriam ser exercidos pelos homens. E, graças a Deus, que elas fizeram isso, do contrário, haveria uma lacuna ainda maior na sociedade, na família e até mesmo na igreja, onde claramente mulheres assumiram, principalmente, o papel da intercessão.

Em uma reunião de oração, é mais comum ter um número maior de mulheres ou de homens?

O QUE UM PAI PODE FAZER PARA FORJAR MASCULINIDADE BÍBLICA EM SEU FILHO?

"E tomou o Senhor Deus o homem, e o pôs no jardim do Éden para o lavrar e o guardar." (Gênesis 2.15)

"Cultivar" e "guardar". Aqui está o como da masculinidade bíblica, o mandato da Escritura para os homens. Vejamos:

- **Cultivar** - Cultivar é trabalhar para fazer que as coisas cresçam; envolve nutrir, cultivar, cuidar, construir, orientar e governar.

- **Guardar** - Guardar é proteger e sustentar o progresso já alcançado; envolve defender, proteger, vigiar, cuidar e manter.

A redundância nesse momento faz todo sentido. "Não existe melhor exemplo do que o próprio exemplo." Ao exercer de forma nobre e viril o seu papel, como esposo e pai, através de seu exemplo, o homem, com certeza, forjará bons filhos que também serão bons pais.

A FUNÇÃO DE CULTIVADOR

Cultivar envolve nutrir através de atitudes tudo aquilo que é necessário para que o jardim, nesse caso, a família cresça. Proteger o que foi cultivado é essencial para que o progresso não seja interrompido por pragas e ervas daninhas que são inúmeras e se multiplicam aos milhares nos dias atuais, tentando por minar a prosperidade real de uma família.

De forma prática, essas funções de cultivo podem ser encontradas nos 3 pês da masculinidade bíblica. A saber: **Provisão**, **Proteção** e **Plataforma**. Através dessas características o homem faz cresçer a imagem de um sacerdócio que traz segurança à família e imprime no filho, o desejo de se comportar da mesma forma quando chegar à vida adulta.

Provisão

Ao cultivar o jardim, Adão estava garantido que haveria alimento para ele e sua família. A ordem para cultivar foi dada a ele antes da Queda. O que ocorreu após o pecado foi que Deus disse a Adão (e não para Eva) que, a partir daquele momento, ele o cultivo seria penoso, ou seja: "Do suor do seu rosto comerás o seu pão".

No mundo moderno nada impede que a mulher trabalhe e até mesmo seja mais bem remunerada que o homem. Mas é inadmissível que essa mulher que trabalha não veja suor no rosto do seu esposo. A provisão não está somente ligada às finanças, mas ao afeto, sacerdócio e à direção. O homem deve suprir sua família emocionalmente, comunicando amor e respeito.

É desastroso presenciar um homem, de forma pública, desonrar sua esposa e seus filhos, mesmo que argumente estar brincando. Como sacerdote do lar, ele deve estar preparado para orientar a família e seus membros segundo a lei do Senhor, tendo uma palavra de sabedoria e direcionamento profético para sua casa. É o que lemos em Malaquias 2.7: "Porque os lábios do sacerdote devem guardar o conhecimento, e da sua boca devem os homens buscar a lei porque ele é o mensageiro do Senhor dos Exércitos".

Proteção

São inúmeros os ataques destinados à família, e eles vêm de todos os veículos de comunicação, mediado pelas artes, onde as letras de músicas, os roteiros de séries e filmes os shows e exposições deixam clara a intenção de aniquilar o modelo de família instituído por Deus e revelado nas páginas das Escrituras Sagradas.

Se o homem não se posicionar como guardião e defensor dos valores morais e espirituais de sua casa, certamente que sua família será ferida. Melhor empunhar uma espada do que aplicar um remédio. A manutenção preventiva sempre será mais fácil e mais barata que as medidas corretivas.

Conselhos baseados na Palavra de Deus, fruto de oração e da prática do culto doméstico são excelentes pesticidas contra as pragas do inferno que tentam destruir o jardim que é a família.

Além da proteção espiritual, o homem deve ser um guarda emocional de sua casa.

Se ele se mostrar fraco em tempos de angústia, comunicará aos demais membros da família, que a coluna da casa também está sucumbindo.

No texto de Jeremias 15.20, Deus diz de Jeremias: "E eu te porei contra este povo como forte muro de bronze; eles pelejarão contra ti, mas não prevalecerão contra ti; porque eu sou contigo para te salvar, para te livrar, diz o Senhor".

Nossa oração é para que Deus dê aos homens dessa geração a mesma resiliência que deu a Jeremias enquanto enfrentava forte oposição.

Plataforma

> *"Como flechas na mão do valente, assim são os filhos da mocidade."*
> *(Salmos 127.4)*

Filhos são como flechas. As flechas, em um primeiro momento, ficam guardadas na aljava — uma espécie de bolsa que fica nas costas do arqueiro. Isso fala de discipulado, onde o pai está à frente e seu filho vem logo atrás observando seus passos e aprendendo através do exemplo. Depois de sacada da aljava e colocada na corda do arco, o arqueiro traz a flecha para perto do seu peito. Quando o pai traz o filho para perto do peito é o momento de ministrar ao pé do ouvido, dando a ele sábios conselhos, como Davi fez com seu filho Salomão. Após isso, a flecha é lançada e segue em direção ao seu alvo.

Assim, por intermédio do discipulado pelo exemplo, da ministração ao coração e pelo ser lançado para seus objetivos, é que um pai é plataforma de lançamento para seu filho.

Homem de Deus, quem passa por você deve voar alto e longe, alcançando distâncias que você não conseguiu alcançar. Que nosso teto, seja a plataforma de lançamento dos nossos filhos; ou seja, o lugar mais alto que alcançamos será a base de onde nossos herdeiros serão lançados e chegarão às alturas, indo muito mais alto do que nós fomos.

A FUNÇÃO DE GUARDADOR

Guardar é função primária do homem.

Desde os tempos passados, o homem comunica a imagem do guerreiro que protege sua família, seu patrimônio e sua Pátria. A família se sente segura quando o homem se posiciona empunhando a espada para proteger seu bem maior.

Todo cristão sabe, ou deveria saber, que a Bíblia é a espada do Espírito e deve ser usada contra os ataques malignos oriundos das ideologias que querem descontruir não somente a família de modo geral, mas também, e principalmente, a figura masculina.

A indústria cinematográfica, principalmente em suas comédias românticas, faz questão de expor o homem como um bobalhão, fraco, choroso e dominado pela mulher; incapaz de proteger sequer a si próprio, muito menos o serão de ofertar proteção a sua família. Em alguns momentos, de forma implícita, é possível ler nas entrelinhas da trama, uma mulher empoderada exercendo domínio sobre um homem acanhado.

Na música, são inúmeras as canções em que o homem se entrega à bebida ou ao choro, por causa de uma mulher que o abandonou. Na moda, facilmente se constata um forte empenho em descontruir a masculinidade através do ofertar aos homens roupas cada vez mais femininas, visando destruir neles a identidade e as características que Deus lhe conferiu.

CONCLUSÃO

Há uma verdadeira luta sendo travada pela desconstrução de tudo o que Deus criou e como criou. Ataques os mais diversos e investidas cruéis tem sido destinadas à família. Bem sabemos, pelas Escrituras, que Satanás já está derrotado e condenado à perdição eterna, mas também precisamos lembrar que ele não se contentará em ser condenado sozinho, mas que, contrariamente a isso, buscará levar consigo o maior número possível daquela criada à imagem e semelhança de Deus: a humanidade. Assim, uma das formas de destruir a Criação divina é atacar-lhe na essência, desconfigurando-a, e para isso tem como objetivo e desejo máximos **afeminar os homens, masculinizar as mulheres e erotizar as crianças.**

Na melhor e maior de todas as histórias já contadas, os heróis encontrados são homens com a coragem de Davi, a força de Sansão, a liderança de Moisés e a resiliência de Jesus. Essas são as personagens que devem nos inspirar para que possamos comunicar a força que nossa família espera de nós.

O primeiro critério para ser um homem de Deus é se parecer com um.

Fixando o Aprendizado

1. Qual foi o conselho que Davi deu a seu filho Salomão?

2. Quando Deus criou o homem ordenou que ele fizesse quais atividades no jardim? Explique-as.

3. Além do que foi dito na lição, como você acredita que um homem pode proteger sua família emocionalmente?

4. De que forma a cultura pode influenciar negativamente na construção da figura masculina?

03

MATERNIDADE:

COMO FORMAR MULHERES FEMININAS EM TEMPOS DE FEMINISMO

"Mulher virtuosa, quem achará?"
Provérbios 31.10

"O diabo trabalha para tirar a virilidade dos homens e a delicadeza das mulheres."
Daniel Dantas

DATA

PROFESSOR

Quando o homem pecou Deus liberou algumas palavras. Ele declarou que o homem comeria do suor do seu rosto e o trabalho lhe seria penoso, pois a terra produziria espinhos; a mulher daria à luz com dores, e o diabo seria o seu inimigo. Nas palavras da Bíblia: "E porei inimizade entre ti e a mulher, e entre a tua semente e a sua semente; esta te ferirá a cabeça, e tu lhe ferirás o calcanhar" (Gênesis 3.15).

Satanás nutre um ódio muito grande pela mulher, e isso se dá ao fato de que por intermédio dela viria o Salvador; a profecia se cumpriria a partir de seu ventre. Da semente da mulher, e não do homem, nasceu aquele que foi ferido no calcanhar, mas que feriu Satanás mortalmente, na cabeça, na cruz e ao ressuscitar.

Desde então o diabo trabalha tentando roubar a identidade da mulher, descontruindo o modelo que Deus proveu para uma mulher ser, de fato, bem-sucedida. O que o diabo sugere *à mulher de hoje é: Seja homem!*

Da mesma forma como Satanás luta contra a virilidade do homem, ele luta contra a feminilidade da mulher. É instintivo à mulher desejar ser mãe, e isso fica claro quando uma criança acolhe uma boneca e diz que ela é sua filha. Mas devido a uma doutrinação ideológica que acontecia a princípio somente nas escolas, mas que ganhou ainda mais força pelas redes sociais, muitas jovens repudiam a ideia de serem mães sob o argumento diabólico e mentiroso: "Meu corpo minhas regras". Uma jovem verdadeiramente cristã jamais pode dizer essa frase, uma vez que o crente não é dono do próprio nariz e seu corpo, literalmente, não lhe pertence.

Paulo questiona os coríntios: "Ou não sabeis que o vosso corpo é o templo do Espírito Santo, que habita em vós, proveniente de Deus, e que não sois de vós mesmos?" (1Coríntios 6.19). Você percebeu que, no final do versículo, o apóstolo diz que não somos de nós mesmos?

Isso significa que a mulher pode até ter suas regras, mas não é dona do seu corpo.

Paulo dá o motivo disso: "Porque fostes comprados por bom preço; glorificai, pois, a Deus no vosso corpo e no vosso espírito, os quais pertencem a Deus" (1Coríntios 6.20).

A máxima do *"Meu corpo minhas regras"*, é fruto de ignorância, pois militou a favor do aborto, desconsiderando que um feto não é extensão do corpo da mulher. Ainda que essa frase tivesse sentido e a mulher tivesse as próprias regras para o próprio corpo, ela jamais teria direito sobre o corpo do outro. Não é o corpo dela que é assassinado de forma covarde em uma clínica de aborto, logo o argumento é mentiroso, além de diabólico.

A criança não é extensão do corpo da mulher, mas, sim, um indivíduo. E se essa criança for do sexo feminino, onde estão os direitos dessa "mulher" que vai nascer?

Os direitos da mulher deveriam ser defendidos desde o útero.

Maior que a ideologia feminista é a Palavra de Deus que devido ignorância teológica é chamada de machista. Quem faz tal afirmação a respeito da Bíblia desconhece-a e usa textos isoladamente para defender seu fraco argumento ideológico.

Mas afinal o que é uma ideologia?

O conceito de ideologia: *Conjunto de ideias de uma pessoa ou de um grupo de indivíduos.*

A ideologia pode estar ligada a ações políticas, econômicas e sociais. O cantor brasileiro Cazuza cantou em 1988: "Ideologia, eu quero uma pra viver". Isso se tornou um hino na boca de jovens que não se conhecem e se permitem ser definidos pelas ideias de outros. Na mesma canção ele lamenta que seus heróis morreram de overdose, uma demonstração clara da frustração com aqueles que o deveriam salvar, além de lamentar que seu partido é um coração partido e que seus sonhos foram todos vendidos. O que lhe resta?

O desejo por uma ideologia. Sem ela a vida não faz sentido, por isso o desespero manifesto na declaração: "Ideologia, eu quero uma pra viver".

A IDEOLOGIA FEMINISTA

A princípio, o movimento feminista teve grande valor para sociedade. O machismo imperava de fato e a mulher tinha valor somente para atribuições domésticas e fins sexuais. Através de um movimento legítimo houve a conquista do voto, direito à vida pública, ao mercado de trabalho e principalmente à educação.

Na primeira onda do feminismo, uma mulher chamada Olympe de Gouges protesta contra a Declaração dos Direitos dos Homens e dos Cidadãos que, no período da Revolução Francesa, excluía totalmente a mulher. Olympe escreve então a Declaração dos Direitos da Mulher e da Cidadã, observando em seus direitos as mulheres, que até então desconheciam o que era isso.

Em 1793 ela foi executada em Paris, e sua morte deu origem a vários protestos e que se estenderam à literatura da época. Na Inglaterra e no Brasil, Mary Wollstonecraft e Nísia Floresta, respectivamente, também lutaram basicamente por educação e direito ao voto. Nísia não podia admitir que só os homens tivessem acesso à educação, e então fundou a primeira escola só para meninas no Rio Grande do Sul e, posteriormente, no Rio de Janeiro. Sensacional que essa luta tenha existido e que as mulheres tenham se saído vitoriosas. Se o machismo insano houvesse permanecido, você não estaria lendo essa lição porque era proibida de frequentar a escola simplesmente pelo fato de ser mulher, e só saberia ler se houvesse aprendido por conta própria.

A segunda onda do movimento feminista não era mais pelos direitos da mulher, mas se transformou em um machismo de saia, o que muitas delas apelidaram de feminismo.

Desde a década de 1960 até os dias atuais, o movimento foi sendo atualizado e agora defende uma liberdade sexual desenfreada, o direito ao aborto, a identidade de gênero, o incentivo à homossexualidade, a figura masculina como inimiga.

Uma das mulheres tidas como inspiradora desse segundo momento do feminismo é Simone de Beauvoir. A musa inspiradora da segunda onda do movimento feminista não tinha um casamento, mas um relacionamento aberto como o filósofo francês Jean Paul Sartre.

Como se não bastasse não optar pela união formal, Simone e Sartre aliciavam moças menores de idade para práticas sexuais. Aquela que dizia lutar pelos direitos da mulher lutava para destruir a identidade e futuro delas.

Relacionamentos extraconjugais e pedofilia era o que estava por trás da autora da frase: "Não se nasce mulher, torna-se mulher". Isso ficou explícito a partir da publicação do livro *Uma relação perigosa* (Carole Seymour-Jones; Editora Record), em que narra as orgias do casal francês. Com a publicação de cartas trocadas entre Simone e Sartre, uma mulher que teve sua vida destruída pelo casal ainda na adolescência, teve coragem de também publicar como foi abusada e teve suas emoções destruídas.

Bianca Lamblin, filha de poloneses judeus, escreve o livro Memórias de uma moça malcomportada (1994, Editora Record) e narra como, aos dezesseis anos, foi envolvida em um triângulo amoroso, pedófilo e libertino com aquela que deveria ser apenas sua professora de filosofia. Essa é a mulher idolatrada pelas ativistas do movimento feminista. Precisa dizer mais alguma coisa?

Sim! Ainda é necessário desmentir dados usados pelo movimento para alienar jovens.

Um jornal antigo está sendo lido pelas feministas. O jornal que diz que as mulheres têm menos direitos que os homens. Entretanto, pesquisas provam que as mulheres não só estão bem, como estão melhores que os homens. Só para mencionar alguns exemplos: quanto à educação, elas são a maioria nas faculdades; quanto ao mercado de trabalho, uma pesquisa realizada pela Prager University, através do American Enterprise Institute, nos deu informações importantes, dentre elas a de que ganhar menos entra na estatística como um dado cru:

mulher ganha menos, mas por questões **curriculares** e não de sexo.

Um grupo feminista americano foi desmascarado logo depois de publicarem que médicas ganhavam menos que médicos nos Estados Unidos. Sim, de fato ganhavam menos, mas por conta de optarem por especializações que pagavam menos: pediatria, clínica geral etc.; enquanto os homens escolhiam especializarem-se em cardiologia, neurologia e cirurgia plástica que, evidentemente, pagam salários maiores. As médicas, em geral, também eram mais propensas a ter uma carga horária semanal reduzida por optar em ficar mais tempo com a família. Logo, quem trabalha mais ganha mais. Era opcional e não uma questão machista como elas pregavam.

Quando você viu um concurso dizendo salário "X" para homens e "Y" para mulheres, referindo-se a uma mesma vaga? Se fosse possível a mulher ganhar menos pela mesma função, não haveria uma demissão em massa de homens das empresas? Para reduzir custos, bastaria mandar os homens embora e contratar mulheres para a mesma função.

Ganha melhor quem tem uma graduação melhor e, ultimamente, são as mulheres e não os homens que têm conquistado essa posição. Palmas para as moças. A luta lá atrás conquistou esse direito, mas como a luta de hoje não é por direitos, mas para se ter uma ideologia para viver, elas continuam trazendo notícias antigas como se fossem de hoje.

Penso que o pior dos feitos desse movimento tenha acontecido em 1998, em um congresso feminista intitulado "Reimaginando Deus". Nele, mais de oitocentas mulheres propuseram-se a escrever uma Bíblia retirando dela toda figura masculina. Deus seria chamado de Sofia e Jesus não seria o Filho de Deus, mas a criança de Sofia. A luta não é por direitos, mas contra o homem. Ainda mais recente no Brasil, tivemos manifestações em que uma mulher colocou uma cruz em seu órgão genital, Jesus interpretado por travestis e tantas outras aberrações.

É disso que se trata o movimento feminista. Você quer fazer parte de algo assim?

SUBMISSÃO FEMININA: UMA BÊNÇÃO NÃO UMA MALDIÇÃO

Para encerrar, quero falar de uma palavra que o diabo deturpou.

Aliás, Satanás é especialista em deturpar na mente humana o real significado das palavras. Quando se fala em prosperidade, muita gente arrepia, pois, acha isso diabólico, enquanto isso é promessa da Palavra para quem anda com Deus. Quando se fala em honra, o inimigo rotula como "puxa saco" uma pessoa que esteja honrando alguém.

Quando se fala em submissão, algumas mulheres se sentem desconfortáveis.

Ser submissa é uma honra, um privilégio, e algo muito poderoso. A própria etimologia da palavra aponta a grandeza da submissão feminina: SUB (abaixo) MISSÃO.

A mulher submissa está **debaixo da missão do homem**, não como quem é inferior, **mas como quem a sustenta**. Glória a Deus! A missão do homem acontece porque uma mulher o está apoiando. A mulher sábia edifica a casa!

Nas entrelinhas, Salomão diz algo muito interessante: Edificar é construir, tirar o projeto do papel. O homem pode até fazer um plano, mas sem apoio da mulher ele não consegue realizá-lo. Percebe o poder da submissão? Uma mulher insubmissa destrói a casa, mas a submissa alavanca o potencial de cada um.

SEJA EMPODERADA À LUZ DA PALAVRA DE DEUS

"Mulher virtuosa, quem achará?"

Um sinônimo para a palavra "virtude" é "poder". Sendo assim, a pergunta pode ser escrita da seguinte forma: "Mulher poderosa, quem achará?". As qualificações da mulher poderosa mencionada em Provérbios 31 são que ela é dinâmica, fiel, excelente esposa e mãe, de quem os filhos têm orgulho. Isso é empoderamento!

Quando a mulher com fluxo de sangue toca em Jesus, o Mestre diz: "Alguém me tocou, porque de mim saiu poder". A mulher empoderada é aquela que toca em Jesus com sua adoração.

Creio que uma reforma pode ser feita: reformem o feminismo. Não com protestos com seios de fora, sovacos cabeludos e xingamentos contra os homens, mas vivendo em justiça, conquistando por mérito o seu lugar no mercado de trabalho e voltando às origens do seu lugar na família. Filha que honra os pais, mulher que honra o marido e acima de tudo isso, honra o Deus que criou um projeto tão lindo e tão combatido pelas feministas, chamado família. Se um abuso levou você a lutar por essa causa que não faz sentido, oro para que você seja curada em suas emoções.

Deus quer restaurar sua vida e identidade, e ele tem poder para realizar este milagre. Se isso é apenas modismo, você precisa reconhecer o mal que está causando a si mesma, se arrepender e diante de tudo que leu até aqui, concordar que existe uma vida melhor para você e ela não é propagada por uma ideologia, mas pela Bíblia, livro que, talvez, algumas mulheres têm deixado fechado enquanto acompanhava as redes sociais dessa militância.

Caso você nunca tenha vivido isso, a nossa oração que você compartilhe esse conhecimento com o máximo de mulheres que puder. Você está diante de uma verdade e nós já aprendemos com um profeta nazareno, Jesus, que a verdade liberta.

Fuja da masculinização do seu corpo, pois ele é templo do Espírito Santo. Feminista não, feminina sim. Fé menina! Você alcançará muito mais seguindo os preceitos da Palavra do que acompanhando uma ideologia que quer descaracterizá-la e roubar sua identidade.

O Rei é pai de princesas!

Fixando o Aprendizado

1. Por que a máxima "Meu corpo minhas regras" é errada de acordo com a Bíblia?

____

____

____

____

____

2. Explique com suas palavras a beleza da submissão feminina.

____

____

____

____

____

3. À luz da Bíblia, qual seria o verdadeiro empoderamento feminino?

____

____

____

____

____

04

FORTALECENDO OS LAÇOS À MESA

"Oh! quão bom e quão suave é que os irmãos vivam em união."
Salmos 133.1

"À mesa encontramos mais do que alimento para o corpo, encontramos nutrição para alma e cura para o coração."
Daniel Dantas

DATA

PROFESSOR

A prática da comunhão na mesa é uma tradição profundamente enraizada nas Escrituras e na história do cristianismo. Mais do que simplesmente compartilhar uma refeição, a mesa é um lugar de encontro, comunhão espiritual e reconciliação.

Na oração do Pai-nosso, Jesus cita "o pão nosso". Os substantivos "Pai" e "pão" em uma mesma oração apontam para uma comunhão espiritual com Deus através do sentimento de gratidão por seu cuidado. Além de expressar comunhão com Deus, a mesa também nos leva a comunhão com o próximo, uma vez que tanto o Pai como o pão, não são apenas meus, mas "nossos". A partilha do pão não é uma questão de filantropia apenas, mas também de extermínio do egoísmo. Quem não parte o pão denuncia que não tem o Pai.

Quando olhamos para a antiga aliança, percebemos Deus relacionando-se com seu povo através do altar. O altar tinha o formado de uma mesa e sobre ele animais eram sacrificados a Deus. Uma parte desse animal, porém, era consumida pelo adorador e sua família; a outra parte servia de alimento e para a manutenção da família do sacerdote:

> *Mas a carne do sacrifício de ação de graças da sua oferta pacífica se comerá no dia do seu oferecimento; nada se deixará dela até à manhã. E, se o sacrifício da sua oferta for voto, ou oferta voluntária, no dia em que oferecer o seu sacrifício se comerá; e o que dele ficar também se comerá no dia seguinte [...] E o sacerdote queimará a gordura sobre o altar, porém o peito será de Arão e de seus filhos (Levítico 7.15,16,31).*

Na nova aliança, vemos Jesus à mesa em várias passagens. Ele participou de um banquete na casa de Mateus (Mateus 9.10-13), na casa de Lázaro (João 12), na casa de Zaqueu (Lucas 19.1-10), na casa de Simão (Lucas 7.36-50) e também com seus discípulos (Lucas 22.7-23).

Enquanto na antiga aliança a celebração da adoração e expiação de pecados era feita através do altar, na nova, Jesus traz singularidade a esse momento, levando essa celebração para uma mesa.

A Ceia do Senhor: A Última Ceia é o evento mais emblemático; nela, Jesus compartilhou uma refeição com seus discípulos, antes de sua crucificação. Neste momento, ele instituiu a Ceia do Senhor como um memorial, simbolizando seu corpo e seu sangue, e instruiu os discípulos a fazerem isso até o dia de sua volta: "Em verdade vos digo que não beberei mais do fruto da vide, até àquele dia em que o beber, novo, no reino de Deus." (Marcos 14.25).

Para Jesus, a comunhão à mesa é tão forte que, mesmo depois de ressurreto, ele continuou tendo refeições com seus discípulos. Estar junto, ao redor da mesa, tem tanta importância que, no céu, a igreja é convidada para um banquete chamado bodas do Cordeiro. Foi comendo com Pedro, que Jesus restaurou a vida e o ministério desse discípulo.

À MESA TEMOS RECONCILIAÇÃO

Eliseu e o banquete para os soldados: Em 2Reis 6.22,23, lemos que Eliseu preparou um grande banquete para os soldados arameus que haviam sido capturados. Esse gesto não apenas demonstrou generosidade, mas também promoveu a reconciliação e a paz entre os povos.

Isaque e Abimeleque: Em Gênesis 26.30, Isaque preparou um banquete para Abimeleque, rei dos filisteus, e para seus conselheiros. Esse gesto de hospitalidade e comunhão resultou em uma aliança de paz entre eles.

Assim como Eliseu e Isaque estenderam a mão da paz através de banquetes, nós também podemos buscar a reconciliação com aqueles com quem temos conflitos, encontrando unidade e perdão na presença de Deus.

Alguns estudiosos acreditam que o desejo do salmista por uma mesa preparada diante dos seus inimigos, não expressa vingança, mas uma oportunidade de reconciliação. Na mesa da ceia foi apresentada a receita dos elementos que nos reconciliariam com Deus: o corpo e o sangue de Cristo.

Que a nossa mesa também seja instrumento não de discórdia, mas de reconciliação uns com os outros.

O SIGNIFICADO DA COMUNHÃO À MESA

A comunhão à mesa é um lembrete tangível da presença de Deus e da unidade entre os crentes, pois:

1) ***Lembra a Pessoa e obra de Jesus:*** Ao participarmos da Ceia do Senhor, lembramos a vida, morte e ressurreição de Jesus Cristo. É um momento de reflexão sobre o sacrifício que Ele fez por nós e a

redenção que recebemos através de seu sangue derramado. Em todo culto de Ceia devemos também relembrar que perdão recebido é perdão devolvido. Se Cristo, sendo perfeitamente santo, dispensou tamanha graça sobre nós, quanto mais nós que somos pecadores, devemos estender esse perdão àqueles que nos ofenderam.

2) ***Comunhão com Deus e com os irmãos:*** Na mesa do Senhor, experimentamos comunhão íntima com Deus e uns com os outros. É um momento de partilha de fé, alegria e preocupações, fortalecendo os laços de amor e a unidade na família de Deus.

A IMPORTÂNCIA DA MESA PARA A FAMÍLIA

Retornar à prática de compartilhar refeições à mesa, como família, pode ser extremamente benéfico em vários aspectos. Vejamos algumas razões que destacam a importância desse momento de comunhão:

1) ***Comunhão e unidade familiar:*** Compartilhar uma refeição à mesa promove a comunhão e a união entre os membros da família. É um momento para se reconectar, conversar e fortalecer os laços familiares. Em Salmos 133.1, lemos: "Oh! Como é bom e agradável viverem unidos os irmãos!".

2) ***Reconciliação e perdão:*** A mesa pode ser um lugar de reconciliação e perdão. Jesus ensinou sobre a importância de resolver conflitos e buscar a reconciliação antes de fazer ofertas a Deus. Em Mateus 5.23,24, ele instruiu: "Portanto, se você estiver apresentando sua oferta diante do altar e ali se lembrar de que seu irmão tem algo contra você, deixe sua oferta ali, diante do altar, e vá primeiro reconciliar-se com seu irmão; depois volte e apresente sua oferta.". Como já vimos no episódio entre Jesus e Pedro, o ambiente de refeição é, sem dúvida, um lugar propício para reestabelecer comunhão.

3) ***Crescimento espiritual e educação:*** As refeições em família podem ser momentos preciosos para o crescimento espiritual e a educação dos filhos. O texto de Deuteronômio 6.6,7 enfatiza a importância de ensinar os mandamentos de Deus às crianças, mesmo durante as refeições: "Estas palavras que hoje lhe ordeno estarão no seu coração. Ensine-as com persistência a seus filhos. Converse sobre elas quando estiver sentado em casa, quando estiver andando pelo caminho, quando se deitar e quando se levantar". Inúmeras vezes, em almoços em família, eu era instigado por meu pai com perguntas a respeito da Bíblia, e quando eu errava a resposta, era um motivo para se iniciar uma conversa em

torno da passagem. Foi assim que, ainda criança, pude receber à mesa da minha casa, personagens como Abraão, Moisés, Davi, Pedro e nosso mestre Jesus.

4) **Hospitalidade e amor ao próximo:** Compartilhar refeições à mesa também é uma maneira de praticar a hospitalidade e demonstrar amor ao próximo. Em Hebreus 13.2, lemos: "Não se esqueçam da hospitalidade; foi praticando-a que, sem o saber, alguns acolheram anjos".

Em resumo, voltar à mesa para um momento de comunhão, reconciliação e crescimento através de um debate saudável é uma prática enriquecedora que pode fortalecer os laços familiares, promover o perdão, contribuir para o crescimento espiritual e demonstrar amor e hospitalidade.

A comunhão à mesa é um ato sagrado que nos lembra da presença de Deus, da redenção em Cristo e da unidade com nossos irmãos na fé. Que possamos valorizar e praticar este ato com reverência e gratidão, reconhecendo sua profunda significância em nossa jornada espiritual, buscando sempre a reconciliação e a paz, pois é à mesa que podemos crescer no conhecimento do nosso Deus através de conversas saudáveis que promovem o debate bíblico. Nesse momento aparentemente didático, Deus pode ministrar algo ao coração dos que ouvem.

Não limitemos a atuação de Deus ao púlpito; pois é bem possível que Deus também queira ministrar ao nosso coração enquanto está assentado conosco à mesa. A partir de hoje, puxe uma cadeira a mais, Deus ama se assentar com seus filhos.

Fixando o Aprendizado

1. Cite exemplos bíblicos em que houve restauração à mesa?

2. Como podemos ter experiências marcantes com nossa família ao redor da mesa?

3. Ultimamente, por que as pessoas trocaram o hábito de sentarem-se à mesa e passaram a preferir fazer as refeições sentados diante da televisão a fazê-la ao lado dos seus familiares?

05

COMO SE POSICIONAR EM RELAÇÃO À IDEOLOGIA DE GÊNERO?

"E criou Deus o homem à sua imagem; à imagem de Deus o criou; homem e mulher os criou."
Gênesis 1.27

"Eu te louvarei, porque de um modo assombroso, e tão maravilhoso fui feito; maravilhosas são as tuas obras, e a minha alma o sabe muito bem."
Salmos 139.14

DATA

PROFESSOR

Tudo que existe no mundo teve sua origem no livro de Gênesis, quando, da terra "sem forma e vazia", Deus criou todas as coisas e moldou, com as próprias mãos, os primeiros seres humanos. O termo "gênesis" significa "princípio", "origem" "princípio". Sendo o homem (no sentido de "ser humano") a coroa da criação, podemos afirmar que tudo existe porque o homem veio a existir. Deus plantou um jardim no Éden e ali colocou o homem para o lavrar e cuidar dele, como se a natureza fosse o palco no qual o homem se posicionaria para atuar. E Deus ordena a multiplicação para que o homem dominasse a terra.

A chamada ideologia de gênero vem com uma proposta de exterminar o padrão divino e implantar, através da cultura, da mídia e até mesmo de governos, a ideia de que a pessoa pode ser o que decidir ser, de acordo com seus sentimentos a respeito de si, independentemente do seu sexo biológico. Muitos cristãos desconhecem o que é a ideologia de gênero, o que dificulta uma tomada de posição apoiada nas Bíblia em um possível embate.

O QUE É GÊNERO?

"Gênero" é uma palavra de origem grega que significa "espécie", "classe" ou "tipo". Usualmente, na gramática, a palavra "gênero" indica o "masculino" e o "feminino". Mas com o tempo, o termo passou a substituir a palavra "sexo" nos formulários. As pessoas passaram a distinguir entre diferenças de sexo e diferenças de gênero.

Com isso, o sexo biológico passa a ser irrelevante na determinação do papel do indivíduo na sociedade.

O QUE A IDEOLOGIA DE GÊNERO DEFENDE?

Para os defensores da ideologia de gênero, o sexo refere-se às características e diferenças biológicas naturais entre macho e fêmea. Já o gênero refere-se ao papel que macho e fêmea assumem e exercem na sociedade. Pela ideologia, o indivíduo pode ser macho, mas não ser homem, pois o sexo seria algo apenas biológico, enquanto o seu gênero seria uma construção de sua identidade social.

PURO RELATIVISMO

Os indivíduos "amantes de si mesmos", como Paulo classificou os homens dessa geração perversa, concebem que o "certo" e o "errado" são relativos ao entendimento e à interpretação de cada indivíduo. Cada uma valida seus "valores" de acordo com sua experiência. Assim, a experiência sexual que der prazer ao indivíduo, vai classificará qual é o seu gênero.

A IDEOLOGIA DE GÊNERO E A FAMÍLIA

Para aqueles que defendem a ideologia de gênero, a união heterossexual não faz sentido, pois acreditam que podem escolher, com base em seus desejos, que tipo de família constituir. Logo, fica claramente defendida a união homoafetiva e tudo que ela engloba.

Casais homossexuais, naturalmente, negam o mandamento divino para frutificar (já que tal parceria não pode gerar outra vida); apesar disso, alguns partem para adoção ou contratam uma "barriga de aluguel"; ou simplesmente decidem permanecer só o "casal", não acatando nenhuma dessas formas de expansão do núcleo familiar.

Tudo o que Deus fez é perfeito. Em sua mente, quando projetou a família, Deus sabia perfeitamente a importância das figuras paterna e materna para a criação de filhos e também era ciente de que a ausência de uma delas tornaria o lar disfuncional, trazendo uma série de prejuízos na educação da criança, como:

1. **Instabilidade emocional:** Crianças expostas a modelos disfuncionais de família não estão preparadas para os questionamentos que podem ocorrer, por exemplo, no ambiente escolar. São comprovados os altos números de casos de crianças com quadros de ansiedade e depressão por crescerem em um ambiente familiar fora do padrão que Deus estabeleceu.

2. **Baixo desempenho acadêmico:** Ambientes disfuncionais, muitas vezes, não fornecem o suporte necessário para o desenvolvimento educacional da criança, o que pode resultar em baixo desempenho escolar.

3. **Dificuldades de relacionamento:** Crianças podem ter dificuldades em estabelecer relacionamentos saudáveis e duradouros se não tiverem modelos positivos em casa. E falando em "modelo positivo", o argumento de que o casal se ama e ama os filhos é ineficiente, uma vez que o constante questionamento do tipo "Quem é o pai?" ou ainda, "Quem é a mãe?" é suficiente para gerar um conflito interno na criança, fazendo-a se sentir diferente das demais, em uma fase do desenvolvimento humano em que ser a aceitação é fundamental.

4. **Comportamento problemático**: Ambientes disfuncionais geralmente levam a comportamentos desafiadores e problemáticos na criança, como agressividade, rebeldia e comportamento antissocial.

5. **Baixa autoestima:** Crianças que crescem em ambientes disfuncionais podem desenvolver baixa autoestima e falta de confiança em si mesmas devido à falta de apoio emocional e validação.

6. **Risco aumentado de abuso e negligência:** Em alguns casos, ambientes disfuncionais podem expor crianças a situações inadequadas e abuso físico, emocional e/ou sexual, bem como à negligência de seus responsáveis que, não raras vezes são

também os abusadores, pela conivência e/ou proteção recebida do parceiro(a).

O QUE DIZ A BÍBLIA A RESPEITO DA IDEOLOGIA DE GÊNERO

Deus criou homem e mulher (Gênesis 1.27). Não existe possibilidade de separar o gênero do sexo, como desejam os militantes da ideologia de gênero. O que determina o gênero é o sexo, e não o contrário. Negar a realidade da criação e mudar os papéis naturais estabelecidos por Deus é pecado grave, descrito por Paulo em sua carta aos Romanos:

> *Por isso, Deus entregou tais homens à imundícia, pelas concupiscências de seu próprio coração, para desonrarem o seu corpo entre si; pois eles mudaram a verdade de Deus em mentira, adorando e servindo a criatura em lugar do Criador, o qual é bendito eternamente. Amém!*
>
> *Por causa disso, os entregou Deus a paixões infames; porque até as mulheres mudaram o modo natural de suas relações íntimas por outro, contrário à natureza;*
>
> *semelhantemente, os homens também, deixando o contato natural da mulher, se inflamaram mutuamente em sua sensualidade, cometendo torpeza, homens com homens, e recebendo, em si mesmos, a merecida punição do seu erro.*
>
> *E, por haverem desprezado o conhecimento de Deus, o próprio Deus os entregou a uma*

disposição mental reprovável, para praticarem coisas inconvenientes, cheios de toda injustiça, malícia, avareza e maldade; possuídos de inveja, homicídio, contenda, dolo e malignidade; sendo difamadores, caluniadores, aborrecidos de Deus, insolentes, soberbos, presunçosos, inventores de males, desobedientes aos pais, insensatos, pérfidos, sem afeição natural e sem misericórdia.
Ora, conhecendo eles a sentença de Deus, de que são passíveis de morte os que tais coisas praticam, não somente as fazem, mas também aprovam os que assim procedem. (Romanos 1.24-32)

O CRISTÃO E A IDEOLOGIA DE GÊNERO

A Bíblia não é uma das regras de fé e prática cristã; **ela é a única** regra de fé e prática do cristão. Por mais que alguém diga que A Bíblia tornou-se obsoleta com o tempo, os verdadeiros discípulos de Jesus continuam crendo que ela não é nova nem velha, mas **é a eterna** Palavra de Deus. Aquilo que ela aprova tem sido bênção para aqueles que a obedecem, e aquilo que ela condena continua sendo condenado nos dias atuais e termina em maldição.

O evangelho não se amolda à cultura, mas a cultura é que deve se amoldar ao evangelho. Não nos conformamos com esse mundo e jamais nos amoldaremos à agenda progressista que, dentre tantas aberrações, tem proposto cirurgias de mudança de sexo, inclusive em crianças bem pequenas, e isso financiado pelo Estado, com o dinheiro de contribuintes que, em geral, discordam com essas e outras ideologias.

Pesquisas comprovam as terríveis consequências que sobrevieram a pessoas submetidas a esses procedimentos de redesignação, muitas delas inocentes e crianças que foram submetidos a uma prática criminosa tal crime; além disso, muitas vezes, as consequências não se reduzem a esta vida, mas também na eternidade. Atualmente tem surgido muitos líderes cristãos relativistas, especialmente os que se consideram e/ou são denominados pastores, manifestando aprovação e apoio a tais práticas, e as consequências para eles serão ainda mais severas, já que têm o papel de zelar pelo rebanho que Deus lhe confiou e conduzi-las a um relacionamento íntimo e transformador com ele.

Somos o povo alcançado pelo amor de Deus, e nossas igrejas estão abertas para todos. Entretanto, elas não estão abertas para tudo. Seja qual for a escolha de um indivíduo com respeito a sua sexualidade, ele, e todos os que praticam outros tipos de pecado, deve ouvir o plano de salvação que incentiva a negação a si mesmo e uma vida de renúncia simbolizada pela cruz.

Lemos em Isaías 5.20: "Ai dos que ao mal chamam bem, e ao bem mal; que fazem das trevas luz, e da luz trevas; e fazem do amargo doce, e do doce amargo!". O amargo ainda que deseje jamais se tornará doce, e o doce por mais que se esforce também não pode ser amargo. O mal não pode ser chamado de bem, por mais que o sistema deste mundo se esforce tanto para venda essa ideia. Os discípulos de Jesus servem ao Deus que vomitará de sua boca tudo o que for morno, e, sabendo disso, devemos nos posicionar sempre do lado em que está posicionada a Palavra do Senhor.

Fixando o Aprendizado

1. Qual é a definição Da palavra "gênero"?

____
____
____
____

2. O que a ideologia de gênero defende?

____
____
____
____

3. Crescer em um lar disfuncional acarreta diversos prejuízos a uma criança. Mencione dois deles.

____
____
____
____

06

O MEU CASAMENTO ESTÁ EM CRISE. O QUE FAZER?

"Fazei tudo o que Ele vos disser."
Maria, mãe de Jesus

"Onde há Deus, nada falta."
anônimo

DATA

PROFESSOR

Houve um casal na terra que desfrutou de um ambiente sem nenhuma imperfeição. Ao redor deles, tudo era belo e funcionava perfeitamente bem. Não haveria expressão que representasse melhor a vida conjugal deste casal que dizer que aquele homem e aquela mulher haviam sido criados um para o outro. Materialmente não lhes faltava nada. e espiritualmente eram pastoreados pelo próprio Deus.

Você sabe de quem estamos falando?

Sim, de Adão e Eva.

Este casal, mesmo vivendo em um ambiente perfeito, com todas essas vantagens, passou por uma crise terrível em seu casamento. Então, por que razão você pensaria estar imune aos problemas da vida a dois?

Apesar de ser uma instituição sagrada estabelecida por Deus, o casamento é uma união que acontece entre dois pecadores, e pecadores pecam. Não deveríamos ficar surpresos com a notícia de que mesmo casais cristãos enfrentem crises. Pense bem: Seria por acaso que o primeiro milagre de Jesus tenha acontecido durante uma festa de casamento? É muito provável que não. As crises conjugais, embora dolorosas, são uma realidade enfrentada por muitos casais, e entender suas origens é fundamental para superá-las com sucesso.

As origens das crises conjugais, muitas vezes, residem na quebra da comunhão com Deus e nos conflitos internos e externos que desafiam a união matrimonial. No entanto, a esperança reside na capacidade de aplicar os princípios bíblicos do perdão, amor e compromisso para superar essas crises e fortalecer os laços do matrimoniais.

Nesta lição, vamos nos pautar no texto de João 2.1-11 para aprender a respeito de como resolver uma crise conjugal.

E, ao terceiro dia, fizeram-se umas bodas em Caná da Galileia; e estava ali a mãe de Jesus.
E foram também convidados Jesus e os seus discípulos para as bodas.
E, faltando o vinho, a mãe de Jesus lhe disse: Não têm vinho.
Disse-lhe Jesus: Mulher, que tenho eu contigo? Ainda não é chegada a minha hora.
Sua mãe disse aos empregados: Fazei tudo quanto ele vos disser.
E estavam ali postas seis talhas de pedra, para as purificações dos judeus, e em cada uma cabiam duas ou três metretas.
Disse-lhes Jesus: Enchei de água essas talhas. E encheram-nas até em cima.
E disse-lhes: Tirai agora e levai ao mestre-sala. E levaram.
E, logo que o mestre-sala provou a água feita vinho (não sabendo de onde viera, se bem que o sabiam os empregados que tinham tirado a água), chamou o mestre-sala ao esposo.
E disse-lhe: Todo homem põe primeiro o vinho bom e, quando já têm bebido bem, então, o inferior; mas tu guardaste até agora o bom vinho.
Jesus principiou assim os seus sinais em Caná da Galileia e manifestou a sua glória, e os seus discípulos creram nele.

CONVIDE JESUS PARA SEU CASAMENTO

Muitas vezes, nos lembramos de convidar Jesus para estar em lugares que nós mesmos não gostaríamos de estar. Com isso, nossas orações o convidam para hospitais e funerais. Não que isso seja errado, afinal nosso Deus é socorro bem presente na hora da angústia. Mas o errado é esquecer-se de desejar a presença de Jesus nos momentos em que tudo aparenta estar bem.

O casal a que o texto bíblico se refere decidiu que queria Jesus presente em sua festa de casamento, sinalizando para nós, que não devemos buscar a Deus somente nos momentos de dificuldade, mas estabelecer uma rotina que nos leve à comunhão com Ele.

Esses noivos não precisaram mandar chamar Jesus quando um problema aconteceu, bastou olhar para o lado, pois o Mestre já estava lá.

É sábio que não vejamos Deus como um bombeiro, com a mangueira em mãos, pronto para apagar as chamas de um casa incendiada, mas é sábio encontrarmos nele um jardineiro perfeitamente habilitado para podar o que precisa ser podado e, com isso, sempre encontrar em nós os bons frutos que espera.

TENHA DISCÍPULOS DE JESUS POR PERTO

"Companheiro sou de todos os que te temem e dos que guardam os teus preceitos." (Salmos 119.63)

O texto diz que não só Jesus, mas seus discípulos também foram convidados. Em momentos de crise, muitos se veem rodeados por muita gente e até pedem conselhos a elas, mas a maioria dessas pessoas não agregam em nada. Não faz sentido um cristão dar ouvidos a conselhos a respeito da temática do casamento vindo de pessoas que não temem a Deus e seus princípios, e não valorizam a família, pois, certamente, as diretrizes que elas darão poderão levá-lo a uma tomada de decisão precipitada ou, no mínimo, irá desmotivá-lo a perseverar em, antes de "jogar a tolha", lutar por seu casamento e família. Ouça quem ouve Deus, caminhe com quem caminha com Jesus. É sempre bom ter um discípulo de Cristo por perto.

ACEITE SER CONFRONTADO(A)

> *"Antes, seguindo a verdade em amor, cresçamos em tudo naquele que é a cabeça, Cristo [...]" (Efésios 4.15)*

Na tipologia bíblica, o vinho é símbolo de alegria. Maria percebeu que durante aquela festa de casamento, uma situação difícil acontecia e concluiu: eles não têm vinho. É necessário que, além de ter os discípulos de Jesus por perto, que um deles tenha discernimento do que está acontecendo com o casal e tenha liberdade para dar o diagnóstico.

A Bíblia afirma que Deus corrige todo aquele a quem ama e, muitas vezes, faz isso através de pessoas que, de forma sábia e com amor, nos dirão exatamente o que tem faltado em nosso lar. Em Caná foi o vinho, mas há lares onde falta o carinho; em outros, perdão, diálogo, compaixão, e assim por diante. Maria não expôs os noivos, mas foi falar diretamente com quem pudesse resolver o problema: ela dirigiu-se até Jesus, para falar em favor daquele casal.

Que você tenha esse tipo de amizade em sua vida, alguém capaz de discernir suas crises e falar com Jesus a respeito delas. Que você também seja esse tipo de pessoa, com discernimento para ajudar seus amigos em oração.

OBEDEÇA AO QUE CRISTO DIZ

Maria disse aos empregados que serviam naquele casamento: "Façam tudo o que ele vos disser" (João 2.5).

Muitos casais, mesmo enfrentando crises, têm resistência aos sábios conselhos que recebem. A natureza humana carnal não lida bem e tem resistências em aceitar tratar de assuntos como perdão, humildade, submissão, renúncia etc. As pessoas geralmente querem colocar em prática somente o que lhes convém ou com o que concordam. Mas a recomendação de Maria é: "Façam tudo o que Ele vos disser". Não em partes, não pela metade. Façam tudo o que Cristo ordenar que seja feito se precisar, e quiser verdadeiramente, viver um milagre no seu casamento.

Cristo é o verbo encarnado e sua palavra não é somente o que ele diz, mas também revelam quem ele é.

Ao orientando um casal em crise, certamente, Jesus daria os conselhos:

1) **Seja fiel e compromissado com seu cônjuge:** A Bíblia ensina que o casamento é uma união sagrada, baseada na fidelidade e no compromisso mútuos (Gênesis 2.24, Mateus 19.5-6). Esses valores são fundamentais, eles são o alicerce que nos dão condições para enfrentar as crises juntos, sem desabar.
2) **Pratique o perdão e a misericórdia:** A prática do perdão é essencial para a restauração do casamento (Colossenses 3.13). Assim como Deus nos perdoa, devemos igualmente estender o mesmo perdão ao nosso cônjuge, mesmo em momentos de crise.
3) **Ame seu cônjuge com amor ágape:** O amor ágape é o amor sacrificial e incondicional, ele é o modelo exemplar para os cônjuges (1Coríntios 13.4-7). Esse amor transcende dificuldades e é a base para a cura e a renovação do casamento.

No versículo 11 de João 2, podemos perceber três ocorrências tremendas:

1) **Jesus deu início aos seus sinais.** Sim, foi neste ambiente da união entre um homem e uma mulher que Jesus fez seu primeiro milagre: tornou em vinho da melhor qualidade a água derramada nas talhas. Transformar água em vinho silencia qualquer argumento de que pessoas ou

casamentos são difíceis ou problemáticos demais de serem transformados.

2) **Jesus manifestou a sua glória:** Casamentos são ambientes propícios para que a glória de Deus se manifeste. Enquanto na antiga aliança as águas foram transformadas em sangue, na nova, pela graça, ela é transformada em vinho. A graça sempre vai surpreender aqueles que convidarem Jesus para estar em sua casa e ser parte de sua família.
3) **E os seus discípulos creram:** Parecia inacreditável, na visão de Natanael, que algo proveitoso e benéfico pudesse proceder de uma localidade como Nazaré. O texto relata que Natanael perguntou: "Pode vir alguma coisa boa de Nazaré?", ao que Filipe prontamente, quase em atitude de desafio, respondeu: "Vem, e vê" (João 1.46).

Certamente Natanael estava naquela casa e a partir do que presenciou não teve mais dúvidas de que Jesus realmente era o Messias enviado por Deus. As situações difíceis que vivemos em nosso lar, podem ser uma estratégia divina para fazer um "Natanael" de sua família crer em Jesus. Natanael representa pessoas que têm dúvidas a respeito de Jesus e do que ele pode fazer na vida e família de alguém, mas, ao verem a transformação do seu casamento, passam a acreditar e dizer: "Se foi possível uma transformação na vida e no casamento de "fulano" e "sicrano", também é possível para minha vida, casamento e família.

Fixando o Aprendizado

1. De acordo com o conteúdo estudado, qual a importância de convidar Jesus para estar presente em nosso lar?

____

____

____

____

2. Além da presença de Jesus conosco, por que é importante caminhar com discípulos de Cristo?

____

____

____

____

3. Quais seriam três conselhos que Jesus daria a um casal em crise?.

____

____

____

____

07

UMA PANDEMIA CHAMADA PORNOGRAFIA

Desvia os meus olhos das coisas inúteis; faze-me viver nos caminhos que traçaste" Salmos 119.37

"Não sobreveio a vocês tentação que não fosse comum aos homens. E Deus é fiel; ele não permitirá que vocês sejam tentados além do que podem suportar. Mas, quando forem tentados, ele lhes providenciará um escape, para que o possam suportar" 1Coríntios 10.13

DATA

PROFESSOR

É cada vez maior o número de pessoas na igreja que enfrentam dificuldades com a pornografia. Este é um tema que tem sido evitado por estar relacionado ao sexo, mas que, se não for exposto de forma didática e santa, acabará matando muitas pessoas e relacionamentos.

Falar de pornografia em um contexto que aborda família é trazer a você clareza sobre um assunto que tem destruído famílias inteiras.

Nesta lição, abordaremos formas práticas para vencer esse vício. Mostraremos quanto ele é nocivo, afetando a pessoa não só espiritualmente, mas também na saúde física e emocional.

O texto de Mateus 18.9 afirma que *"[...] se teu olho te fizer tropeçar, arranca-o, e lança-o para longe de ti, pois melhor é entrares na vida com um olho só, do que, tendo dois olhos, seres lançados no fogo do inferno".*

Inicio esta lição com essas palavras de Jesus que podem parecer o tanto quanto duras demais. Algum pode pensar que Jesus esteja pregando a automutilação ao dizer que um membro do corpo deve ser arrancado caso seja motivo de tropeço.

O que Jesus está realmente dizendo é: SEJA RADICAL.

Ser radical com o pecado é tomar decisões extremas para que sua vida não seja um constante "levanta e cai".

Há uma cena no filme "Prova de Fogo" que ilustra com perfeição esse versículo. Nela, o protagonista, Caleb, está enfrentando uma intensa crise conjugal e decide quebrar, literalmente, o computador usado por ele para consumir pornografia. É isso que significa "arrancar o olho que te faz tropeçar".

O vizinho, que presenciava a cena, adverte a esposa de Caleb para manter distância dele, pois ele era um homem estranho. Afinal, não é todo dia que se vê alguém quebrar um computador com um taco de beisebol.

Fato é que alguns podem achar estranho você sair de grupos de WhatsApp onde esse conteúdo é divulgado. Outros podem achar estranho que você decida baixar aplicativos bloqueadores de conteúdo no seu celular, ou quem sabe, nem mesmo ter um celular. Todas essas atitudes podem parecer radicais, mas Jesus está dizendo a você para arrancar e lançar para longe, e não o deixar ao seu alcance.

São inúmeras as pessoas que relatam ter dificuldade para vencer a pornografia. Essas pessoas deveriam entender sobre a praticidade da luta e não somente a espiritualidade dela. Muitos querem vencer a pornografia somente através da oração, sem tomar uma atitude radical de arrancar o olho.

Arrancar o olho é ser prático. Enquanto você não adquirir a disciplina suficiente para decidir por si próprio não acessar conteúdo pornográfico, as chances de cair quando for tentado serão sempre maiores que sua resistência. Você precisa orar, mas também precisa vigiar e lançar para longe o que o faz tropeçar. Arrancar e lançar para longe de si.

POSICIONANDO-SE PARA VENCER A PORNOGRAFIA

Bloqueadores de conteúdo

Na batalha contra a pornografia, a primeiríssima coisa a fazer é dificultar o acesso a conteúdos pornográficos. Não caia na história de que você simplesmente deixará de acessá-los, sendo bem-sucedido nisso. Tenha consciência de que você está totalmente intoxicado e, para sua tristeza, o seu corpo vai pedir pornografia, como o organismo de um viciado deseja a droga.

Quando você, mesmo querendo, se vir impossibilitado de acessar, um dia, mesmo podendo, não desejará mais fazê-lo. Mas antes que essa fase chegue, sua mente deve passar por uma limpeza.

Baixe no seu celular bloqueadores de conteúdo pornográfico. São aplicativos que os pais usam para impedir que os filhos tenham acesso a conteúdo sexual em seus smartphones. Se você possui TV a cabo, simplesmente bloqueie os canais que contenham conteúdo pornográfico (Você nem deveria ter isso na sua TV, mas...)

Elimine os gatilhos

Gatilhos mentais são iscas que fisgam a pessoa e a levam a consumir pornografia. Não precisa ser algo com conteúdo sexual explícito, mas que vai despertar em você o desejo de ir além e acessar pornografia. Dê uma olhada no tipo de perfis que você segue nas redes sociais. Se essas contas têm um forte apelo sexual, não convém que você os siga. A internet é como uma faca, com a qual você pode descascar uma laranja ou cortar a garganta de alguém. O segredo está nas mãos de quem usa.

Seja extremamente prudente, sabendo que você nunca está sozinho(a). Você é morada de Deus, templo do Espírito, e se você gosta de casa limpa, o seu Deus também gosta. Lança para longe de si toda e qualquer isca, deixando de seguir tais perfis. Se você está em grupos onde esse tipo de conteúdo é compartilhando, simplesmente saia deles, abandone-os. Por mais que alguém estranhe suas atitudes, é você quem sabe o preço que está pagando por não conseguir se libertar.

Confesse a alguém

Confessar, além de ser uma instrução bíblica, gera em você responsabilidade.

Saber que alguém além de você sabe de sua vulnerabilidade gera em você responsabilidade.

Procure alguém maduro espiritualmente que possa ouvi-lo, orar com e por você e cobrá-lo regularmente se você permanece lutando. Quando você sabe que alguém está orando por você, o desejo de honrar essa disposição da pessoa para o ajudar, torna-se maior. Você tem que ter alguém a quem prestar contas. Manter o pecado no escuro, só irá dificultar o processo.

Como em uma sala de cirurgia existe silêncio, mas existe muita luz, assim deve ser o processo de confessar as falhas uns aos outros. Haverá luz em trazer à tona o que só você sabe, mas também haverá silêncio, que nesse caso significa sigilo. Lembre-se de que é "Melhor confessar a tentação do que confessar o pecado. Melhor meia hora vermelho de vergonha do que uma vida inteira amarelo, sem vida espiritual".

PORNOGRAFIA VICIA

A pornografia tem, no cérebro, o mesmo potencial que a droga. O excesso de dopamina liberado através do acesso a conteúdo pornográfico é muito grande e acaba viciando o usuário. O mesmo que ocorre com o usuário de drogas, ocorre com o viciado em pornografia. Geralmente, as pessoas começam usando drogas consideradas mais leves e, com o tempo, passam a consumir drogas mais pesadas. Na pornografia a pessoa começa assistindo o que considera normal, e com o tempo se descobre consumindo conteúdos cada vez mais pesados, tornando-se um maníaco. Além disso, a psiquiatria concorda com o fato de a pornografia ser a porta de acesso à pedofilia.

Muitos encaram a prática de acessar pornografia como uma forma de alívio, devido a quantidade de dopamina liberada. Entretanto, precisamos lembrar como buscar alívio de forma pecaminosa pode gerar morte. A água proporciona alívio de diversas formas; todos concordamos com isso. Quem não se sente aliviado depois de um bom banho ou depois de tomar um copo com água fresca? No entanto, em Marcos 5, onde Jesus liberta o endemoninhado gadareno, lemos no versículo 13 que os porcos, para onde foram os demônios que saíram no homem, se lançaram no mar e morreram todos. O que era para ser um alívio foi um grande suicídio. O alívio que o diabo proporciona gera morte.

ÁREAS AFETADAS PELO VÍCIO EM PORNOGRAFIA:

Relacionamento com Deus: O peso da culpa e da vergonha faz que a pessoa busque se esconder de Deus. Por ser um pecado recorrente, a pessoa já não busca arrependimento por acreditar que, em breve, cairá novamente no mesmo erro.

Família: O usuário se isola devido a ansiedade social. Por viver em fuga, uma vez que o acesso é feito escondido, a pessoa sempre espera e busca por local e horário propícios, além de sempre estar apagando o histórico de seus acessos. Ela tem dificuldades em manter um diálogo, olhar nos olhos e interagir com o mundo real, pois se vê sempre como um suspeito.

Emprego e estudos: A pessoa tem dificuldade para dormir e, consequentemente, para se manter alerta na execução do seu trabalho ou atividades de estudo.

Casamento: Além de ser considerado adultério, uma vez que Jesus não julga somente o ato em si, mas a cobiça; a relação sexual será prejudicada pois a base da pornografia é a novidade. O usuário vai sempre comparar a pessoa real com alguém que está desempenhando um papel. Além disso, há comprovação científica de que o acesso à pornografia provoca disfunção erétil, ejaculação precoce e frigidez.

VIVA ESSAS REGRAS E SEJA LIVRE

Não faça com o outro o que você não gostaria que fizessem com você.

A pessoa por trás da câmera é filha de alguém. Ela não foi criada por Deus para se expor ou ser exposta à tamanha degradação moral. Com certeza, os pais, que muitas vezes nem sabem que isso acontece, ficariam muito tristes em saber que alguém, por puro egoísmo e lascívia, usa das imagens da sua filha ou filho para se satisfazer sexualmente.

E se fosse sua filha?

Arrependa-se da prática da pornografia e, além de abandonar essa prática pecaminosa, substitua essa prática por outra saudável e pura. Assim como a verdadeira conversão não é somente parar de caminhar, mas passar a caminhar em sentido oposto, o arrependimento deve trazer consigo uma prática nova que vá gerar bons frutos. Não basta parar de plantar o errado, é necessário começar a semear o que é certo. Proponha-se a ler bons livros; pratique um esporte; envolva-se mais com sua igreja, com seus estudos e com tudo que possa agregar valor.

SEMPRE CONTE COM DEUS NESSA LUTA

W.O. ou *Walkover* é a vitória de uma equipe devido à ausência ou não comparecimento da equipe adversária para a partida.

Na luta contra a pornografia você só perde por W.O. Se você comparecer para lutar, Deus lhe dará a vitória. Falamos sobre praticidade, mas, é claro, devemos dizer que sua oração aliada à sua disciplina lhe trará resultados incríveis. Deus não somente quer vê-lo livre desse pecado, mas também deseja capacitá-lo a ter conversas francas com seus amigos e familiares e os ajudar no processo de libertação.

A porta de seu quarto ou escritório fechada não deve ser convite para acessar pornografia, mas para o acesso a intimidade com seu Deus:

> *"Mas tu, quando orares, entra no teu aposento e, fechando a tua porta, ora a teu Pai que está em secreto; e teu Pai, que vê em secreto, te recompensará publicamente"* (Mateus 6.6).

Fixando o Aprendizado

1. O que Jesus quer nos dizer com a expressão: "Arranca teu olho e o lança para longe de ti"?

2. Cite três atitudes muito práticas na luta contra o vício da pornografia?

3. Quais as áreas da vida possíveis de serem prejudicadas pela prática do pecado da pornografia?

08

Cuidado com quem você permite que frequente a sua casa

"Mas agora vos escrevi que não vos associeis com aquele que, dizendo-se irmão, for devasso, ou avarento, ou idólatra, ou maldizente, ou beberrão, ou roubador; com o tal nem ainda comais."
1Coríntios 5.11

DATA

PROFESSOR

A hospitalidade é uma virtude fundamental que permeia as páginas da Bíblia. Desde os tempos antigos, Deus exorta seu povo a receber outros em sua casa com amor, generosidade e cuidado. Ao acolher os visitantes, estamos imitando o coração de Deus, que nos recebeu em seu reino com amor e graça.

No entanto, devemos ter cuidado com quais pessoas receberemos em nosso lar, pois não é com todo tipo de pessoa que devemos nos associar ou trazer para o lugar onde vivemos com nossa família.

Devemos pedir a Deus em oração que nos dê discernimento sobre quais são as intenções e motivações das pessoas que se aproximam de nós. Se existe um Jonas no barco, toda a tripulação paga o preço.

A HOSPITALIDADE É RECOMENDADA E RECOMPENSADA

O apóstolo Paulo exorta os cristãos a praticarem a hospitalidade sem murmuração, mostrando bondade e generosidade para com os outros (Romanos 12:13).

Um dos exemplos mais marcantes de hospitalidade está na história de Abraão, tem a ver com o fato de ele haver recebido três visitantes em sua tenda, fazendo isso com generosidade, humildade e prontidão para servir (Gênesis 18.1-8). Sua hospitalidade foi recompensada com a bênção divina do nascimento de seu filho Isaque.

Ao recebermos pessoas em nossa casa, devemos fazê-lo com amor e gentileza, mostrando-lhes que são bem-vindas e valorizadas (1Pedro 4:9).

Devemos estar atentos às necessidades de nossos visitantes, oferecendo-lhes conforto, alimento e apoio, tanto físico quanto espiritual (Hebreus 13:2).

A prática da hospitalidade é mais do que uma simples cortesia; é uma expressão tangível do amor de Cristo em ação. Ao recebermos os outros com amor, generosidade e cuidado, estamos refletindo o coração de Deus e testemunhando seu amor aos que nos cercam.

Que possamos ser diligentes em praticar a hospitalidade, mas também estejamos atentos a todo comportamento de nossos hóspedes e visitas que seja contrário ao recomendado e ordenado nas Escrituras. Sejamos simples como as pombas, mas também prudentes como as serpentes.

Existe uma classe de pessoas a respeito das quais o apóstolo Paulo nos adverte: “Mas, agora, escrevi que não vos associeis com aquele que, dizendo-se irmão, for devasso, ou avarento, ou idólatra, ou maldizente, ou beberrão, ou roubador; com o tal nem ainda comais” (1Coríntios 5. 11; Versão).

OS PERIGOS DAS MÁS COMPANHIAS PARA NOSSA FAMÍLIA

Enquanto a hospitalidade é uma virtude louvável, devemos estar atentos aos perigos que as más companhias podem representar quando abrimos nossa casa permitindo que elas tenham acesso à intimidade da nossa família. A Bíblia nos alerta sobre a influência negativa das más companhias (ao longo desta lição mencionaremos alguns textos bíblicos com suas respectivas referências), como uma exortação a protegermos nossa família e nosso lar dos perigos espirituais que elas podem trazer. A mesma Bíblia que fala sobre hospitalidade, nos alerta sobre quem podemos receber em nossa casa.

"Aquele que anda com os sábios será cada vez mais sábio, mas o companheiro dos tolos acabará mal." (Provérbios 13.20) Este versículo nos lembra da influência poderosa que as pessoas ao nosso redor podem ter em nossa vida quando afirma: "Não vos enganeis: as más companhias corrompem os bons costumes" (1Coríntios 15.33). Paulo nos adverte sobre os perigos de nos associarmos com aqueles cujas influências podem nos afastar dos princípios e valores de Deus.

Dentre as consequências de associação com más companhias, temos:

1) **Corrupção moral e espiritual:** As más companhias podem corromper os bons costumes e valores morais de nossa família, levando-a por caminhos que estão em desacordo com a vontade de Deus.

Toda queda moral e espiritual é gradativa; não acontece de repente. Veja o que diz o salmista: "Bem-aventurado o homem que não anda segundo o conselho dos ímpios, nem se detém no caminho dos pecadores, nem se assenta na roda dos escarnecedores" (Salmos 1.1). O homem que convive com o ímpio começará andando segundo seus conselhos para depois se deter em seus caminhos e, por último, se assentando à sua mesa.

A roda de quem escarnece é motivo de abominação para quem serve ao Senhor. Mas perceba que aquele que começa dá ouvido aos conselhos de quem não teme a Deus, acabará assentado à roda daqueles que um dia condenou.

2) **Influência negativa sobre as crianças:** As más companhias podem exercer uma influência particularmente prejudicial sobre as crianças, moldando suas atitudes, comportamentos e perspectivas de vida de maneiras que podem ser prejudiciais a curo, médio e longo prazos.

Devido aos números alarmantes que dão conta dos casos de abuso sexual, além da preocupação com o caráter dos nossos filhos, devemos tomar todo cuidado para os deixar bem longe de pessoas que possam trazer esses e outros tipos de prejuízo para os nossos lares.

3) **Destruição do ambiente familiar:** A presença de más companhias dentro de nossa casa pode criar um ambiente tóxico e prejudicial, minando a paz, a harmonia e a segurança emocional de nossa família.

Palavras são como sementes. Quando permitimos que semeadores de fofocas, xingamentos, mentiras e difamações façam parte do nosso convívio, colheremos o resultado dessa triste semeadura. Lembre-se de que "Nas tendas dos justos há voz de júbilo e de salvação[...]" (Salmos 118:15).

PROTEGENDO NOSSA FAMÍLIA DOS PERIGOS DAS MÁS COMPANHIAS

1) **Busque, em Deus, discernimento espiritual:** Devemos cultivar um discernimento espiritual aguçado para reconhecer as más companhias e as influências prejudiciais que possam trazer sobre nossa família. Através da oração, Deus dá clareza a seus filhos sobre comportamentos e situações que não condizem com a Palavra de Deus, o que, uma vez identificado, só resta ao guardião do lar trazer exortação por intermédio da Bíblia para que haja arrependimento e mudança, e, caso a mudança não ocorra, afastar-se é a melhor opção.

2) **Estabeleça limites saudáveis:** É importante estabelecer limites saudáveis e firmes em relação às pessoas que permitimos entrar em nossa casa, priorizando a proteção e o bem-estar de nossa família. Os problemas que existem hoje e demandam resolução foram, antes, comportamentos tolerados.

3) **Seja firme quanto a seguir os princípios bíblicos:** Devemos permanecer firmes nos princípios e valores ensinados pela Palavra de Deus, guiando nossa família para longe das influências negativas das más companhias. O culto doméstico é uma excelente estratégia não apenas para que a família adore a Deus, mas também seja educada biblicamente para ter conhecimento do padrão de vida que agrada ao Senhor. Quando conhecemos o certo, fica mais fácil identificar o errado e, a partir de então, corrigi-lo ou evitá-lo.

CUIDE DO SEU TESOURO

Então, o profeta Isaías veio ao rei Ezequias e lhe disse: Que foi que aqueles homens disseram e donde vieram a ti? E disse Ezequias: De uma terra remota vieram a mim, da Babilônia. 2. E Ezequias se alegrou com eles e lhes mostrou a casa do seu tesouro, e a prata, e o ouro, e as especiarias, e os melhores unguentos, e toda a sua casa de armas, e tudo quanto se achava nos seus tesouros; coisa nenhuma houve, nem em sua casa, nem em todo o seu domínio, que Ezequias lhes não mostrasse. 1. Naquele tempo, enviou Merodaque-Baladã, filho de Baladã, rei da Babilônia, cartas e um presente a Ezequias, porque tinha ouvido dizer que havia estado doente e que já tinha convalescido. 4. E disse ele: Que foi que viram em tua casa? E disse Ezequias: Viram tudo quanto há em minha casa; coisa nenhuma há nos meus tesouros que eu deixasse de lhes mostrar. 5. Então, disse Isaías a Ezequias: Ouve a palavra do Senhor dos Exércitos: 6. Eis que virão dias em que tudo quanto houver em tua casa, com o que entesouraram teus pais até ao dia de hoje, será levado para a Babilônia; não ficará coisa alguma, disse o Senhor. 7. E dos teus filhos, que procederem de ti e tu gerares, tomarão, para que sejam eunucos no palácio do rei da Babilônia (Isaías 39.3-7)

O rei Ezequias errou feio em mostrar todo o seu tesouro para os enviados babilônicos. Sua atitude equivocada pode ser interpretada como uma lição para nós a respeito do alto nível de cuidado que devemos ter para com as más companhias e o acesso que damos a elas a nossa família.

Assim como Ezequias expôs a riqueza de seu reino aos babilônios, revelar aspectos sensíveis da vida familiar a pessoas de má índole pode resultar em consequências desagradáveis e bastantes desfavoráveis. É crucial discernir e proteger a privacidade e os assuntos familiares, evitando compartilhar informações "de foro íntimo" com quem as possa explorar, usando-as para barganhar em benefício próprio ou causar-nos danos.

Quantos cônjuges, que de forma impensada e irresponsável, expõem problemas conjugais para qualquer pessoa ou pessoas indevidas? Há situações recorrentes em que os pais falam abertamente, a quem quiser ouvir, a respeito das dificuldades de aprendizado de seus filhou ou até mesmo de seus problemas emocionais, causando com isso feridas do coração dos filhos, abrindo portas para que a família seja saqueada em sua integridade e intimidade.

As más companhias representam um perigo real para nossa família e nosso lar. Devemos estar vigilantes, atentos aos sinais de influências prejudiciais, protegendo nossa família dos danos espirituais e emocionais que podem resultar de associações impróprias.

Que possamos buscar a orientação de Deus e a sabedoria para discernir as influências que nos cercam, mantendo nosso lar como lugar de paz, amor, acolhimento e proteção para nossa família

Fixando o Aprendizado

1. O que a Bíblia diz a respeito da hospitalidade?

2. Que perigos as más companhias oferecem à família?

3. Como proteger a família das más influências?

09

CULTO DOMÉSTICO REALMENTE FUNCIONA?

"Ponde, pois, estas minhas palavras no vosso coração e na vossa alma, e atai-as por sinal na vossa mão, para que estejam por testeiras entre os vossos olhos, e ensinai-as a vossos filhos, falando delas assentado em tua casa, e andando pelo caminho, e deitando-te, e levantando-te"
Deuteronômio 11.18,19

DATA

PROFESSOR

Atrair a presença de Deus é fundamental para vencer os ataques do inimigo contra a família, e o culto doméstico é, sem dúvida, uma poderosa arma de combate e defesa, embora essa prática esteja sendo negligenciada.

Na maioria dos lares cristãos, não se faz o culto doméstico. Milhões de crentes deixam de ir ao culto nas igrejas para ficar em casa, assistindo a uma programação que nada tem de edificante para a vida de um discípulo de Jesus (1Coríntios 6.12; 10.23).

O culto doméstico propicia momentos diários para o fortalecimento do lar, por meio da oração; da leitura da Bíblia, "a espada do Espírito"; e do louvor a Deus, no meio do qual Ele se faz presente.

As escolas normalizam o ateísmo através da teoria da evolução. Os programas de TV, filmes e músicas querem a todo custo doutrinar as crianças para a prática da promiscuidade. O desprezo à educação cristã nos lares só pode ser reparado se houver conscientização por parte dos pais cristãos, que considerem os filhos como "herança do Senhor, e o fruto do ventre, o seu galardão" (Salmos 127.3)

O SIGNIFICADO DO CULTO DOMÉSTICO

Como o nome sugere, o culto doméstico é uma reunião da família, sob a liderança dos pais cristãos, com a finalidade de cultuar a Deus no lar. Sua realização é bem embasada biblicamente tanto no Antigo como no Novo Testamento.

O culto doméstico é tão importante que Satanás tem tido especial cuidado para desestimular sua realização em mais de 90% dos lares cristãos. O resultado da ausência da adoração nos lares, diariamente, é causa para a maioria dos problemas que os casais e as famílias cristãs enfrentam nestes "tempos trabalhosos".

O CULTO DOMÉSTICO NO ANTIGO TESTAMENTO

Desde o Éden

Talvez não se tenha dado muita importância ao que ocorreu no Éden, no primeiro lar do ser humano, depois que ele foi criado por Deus. O Éden era um ambiente perfeito, sem doenças, sem violência, sem qualquer coisa que abalasse a estabilidade e a segurança dos seus habitantes. Sem dúvida, a presença de Deus junto ao casal era o fator mais importante ali.

O Éden foi onde começou o culto doméstico.

Os seres criados podiam não apenas crer no Criador, mas também vê-lo e ouvi-lo. Em atitude de reverência e adoração, ouviam a voz de Deus, que os visitava (Gênesis 3.8). Aquele culto foi prejudicado, quando o casal desobedeceu à voz do Senhor, e deu ouvidos à voz do tentador. Deus não mais se fez presente ali. O culto doméstico deixou de ser realizado no Jardim, Satanás prevaleceu.

Hoje, acontece a mesma coisa. Quando os pais de família, os líderes e sacerdotes do lar, deixam de obedecer ao Senhor, todos são prejudicados. A primeira coisa que acontece é a ausência de Deus no lar. E quando Deus não está presente, coisas terríveis acontecem.

O povo de Israel

Quarenta anos depois da saída do Egito, o povo de Israel estava prestes a entrar na terra de Canaã. O líder dos hebreus, Moisés, precisava dar as orientações indispensáveis sobre como se comportar no destino de sua grande jornada.

A multidão que sobreviveu ao deserto estava às portas de Canaã. Moisés os reuniu e lhes fez saber a vontade de Deus, através da sua Lei, dos seus estatutos e juízos (Levíticos 19.37). Sem isso, jamais poderiam ser um povo abençoado.

Havia uma verdadeira preocupação em integrar a família na adoração a Deus, em todas as gerações. Havia clima espiritual e emocional para o culto doméstico. As palavras que receberam do Senhor deveriam ser ensinadas às gerações da atualidade e também "aos filhos de teus filhos", às gerações futuras. Lamentavelmente, nos dias de hoje, não se vê essa disposição nas famílias atuais, mesmo no meio dos cristãos.

OS PAIS DEVEM TER A PALAVRA DE DEUS NAS MÃOS

"Também as atarás por sinal na tua mão, e te serão por testeiras entre os teus olhos" (Deuterônomio 6.8).

Os judeus usavam os filactérios (Tefilin) na testa, entre os olhos, para que lembrar sempre da Lei do Senhor. Todavia, não precisamos agir assim. Ter a Palavra de Deus nas mãos pode ser entendido como sendo figura das ações dos pais, como exemplo para seus filhos.

É figura das ações, das atitudes e das práticas diárias dos pais.

Os filhos precisam olhar para as mãos dos seus pais e saberem que são mãos "santas, sem ira nem contenda" (1Timóteo 2.8). São mãos que glorificam a Deus, que não se envolvem com coisas injustas ou desonrosas.

As mãos devem ser usadas de acordo com a Palavra de Deus todos os dias; o toque das mãos pode conduzir bênçãos pela palavra. Jacó abençoou os netos, tocando neles (Gênesis 48.8-10;13-16). Será louvável que os pais toquem em seus filhos ao final de cada culto e liberem sobre eles palavras de bênçãos.

OS PAIS DEVEM APRESENTAR A PALAVRA DE DEUS NO SEU LAR

> *"E as escreverás nos umbrais de tua casa e nas tuas portas" (Deuteronômio 6.9).*

Literalmente, os pais deveriam transcrever trechos da Lei nos umbrais das portas de suas casas, a fim de que seus filhos sempre tivessem em mente os preceitos sagrados e o dever de cumpri-los para serem abençoados em sua vida.

No tempo de Moisés, no Antigo Testamento, Palavra de Deus, ou a sua Lei, tinha que ser ensinada aos filhos, começando no lar, e não no Tabernáculo. Depois, surgiram as sinagogas, que eram verdadeiras escolas de ensino doutrinário, mas a educação no lar continuava sendo a principal referência na vida e conduta dos israelitas.

O CULTO DOMÉSTICO NO NOVO TESTAMENTO

A família de Timóteo

Timóteo era um jovem obreiro, discípulo do apóstolo Paulo.

Em sua segunda carta, Paulo fala da lembrança pelo jovem, e diz que ora por ele,

> *"[..] trazendo à memória a fé não fingida que em ti há, a qual habitou primeiro em tua avó Lóide e em tua mãe Eunice, e estou certo de que também habita em ti. Por este motivo, te lembro que despertes o dom de Deus, que existe em ti pela imposição das minhas mãos" (2Timóteo 1.5,6).*

Neste texto, vemos três gerações sucessivas, que tiveram a marcante influência do culto doméstico. Se Timóteo não tivesse participado do culto em seu lar, certamente não teria ouvido do seu líder referência tão expressiva a respeito de sua formação espiritual.

> *Tu, porém, permanece naquilo que aprendeste e de que foste inteirado, sabendo de quem o tens aprendido. E que, desde a tua meninice, sabes as sagradas letras, que podem fazer-te sábio para a salvação, pela fé que há em Cristo Jesus. Escritura divinamente inspirada é proveitosa para ensinar, para redarguir, para corrigir, para instruir em justiça, para que o*

homem de Deus seja perfeito e perfeitamente instruído para toda boa obra (2Timóteo 3.14-17).

Que Deus nos ajude a ver a educação cristã começando nos lares, no culto em família, e seja fortalecida na igreja-local, através do ensino; que a igreja seja a continuidade do lar, e o lar o reflexo da igreja. Que os pais não esperem que a igreja forneça a total formação espiritual de seus filhos. A semana tem 164 horas. Os filhos estão na igreja local por volta de 04 a 06 horas semanais, isso quando vão durante a semana; a maioria só frequenta os cultos de domingo. Somente com a realização do culto doméstico é possível evitar a terrível e avassaladora influência maligna da educação materialista que predomina na escola e formar uma barreira espiritual contra a deseducação transmitida pelos meios de comunicação, especialmente a Internet, quando mal utilizada.

COMO REALIZAR O CULTO DOMÉSTICO

a) Conscientização. Antes de tudo, é necessário e desejável que os pais conversem com os filhos, principalmente se já são adolescentes e jovens, mostrando que a partir de determinado momento, os pais desejam que todos se reúnam para o culto doméstico. Se os filhos são crianças, os pais devem mostrar sua autoridade com amor, chamando-os para a reunião em família. Neste caso, o programa do culto precisa ser ameno, agradável e atraente para as crianças. Os pais devem chamar a atenção dos filhos para os perigos que rondam seu lar, em todos os momentos. A Bíblia diz:

> *"Sede sóbrios, vigiai, porque o diabo, vosso adversário, anda em derredor, bramando como leão, buscando a quem possa tragar" (1Pedro 5.8).*

b) Definir o horário do culto. A duração do culto não deve passar de quinze a vinte minutos para não se tornar reunião cansativa, e não haver desculpas de que o culto atrapalha os deveres escolares, as atividades dos pais etc. Essa é uma definição importante.

c) Na hora do culto, é interessante **desligar os telefones**, ou colocá-los em modo silencioso, para que não haja interrupção daqueles preciosos momentos de adoração a Deus no lar. Não se deixa o telefone ligado numa sala de aula, numa reunião com autoridades. No culto doméstico, segue-se a mesma lógica, já que estamos diante do Rei dos reis e Senhor dos senhores.

O ROTEIRO DO CULTO DOMÉSTICO

Não há um roteiro único. O programa simples do culto doméstico pode variar conforme a realidade da família. Vejamos um modelo simples e eficiente para um culto doméstico:

a) Louvores: Podem ser entoados um ou mais cânticos, com equilíbrio, para não ultrapassar o horário do culto.

b) Leitura bíblica: Este é um momento especial. O pai ou a mãe deve escolher um trecho da Bíblia que seja propício para a edificação dos filhos: um salmo, um trecho de Provérbios; uma parábola de Jesus ou outro texto bíblico que não seja longo. A leitura deve ser realizada, de preferência por todos os membros da família, cada um lendo um versículo, alternadamente. Esse tipo de leitura dá oportunidade de unir todos em torno da Palavra de Deus. Esta é uma ocasião propícia para os pais incentivarem a leitura de toda a Bíblia, incentivando os filhos que sabem ler a fazê-lo, por meio do próprio exemplo.

c) Comentário bíblico: O pai ou a mãe pode fazer um comentário rápido enfatizando aspectos mais relevantes do texto, e aplicando à vida da família.

d) Pedidos de oração. Cada um pede por seus problemas e pelos outros;

Uma "caixinha de oração" pode ser criada, e cada filho deve escrever, num cartão apropriado, o seu pedido de oração, registrando a data do pedido, que deve ser lido em todos os cultos. Quando a oração for respondida, a resposta deverá ser anotada no cartão e compartilhada para conhecimento de todos.

e) Oração. Pode ser feita por um membro da família e os outros confirmam com o "amém" ["assim seja"]; ou pode ser feito um rodízio de oração, em que cada membro da família ora e o líder da família faz a oração de conclusão.

Quando os filhos aprendem a orar em casa, não têm dificuldade para orar na igreja.

"Confessai as vossas culpas uns aos outros e orai uns pelos outros, para que sareis; a oração feita por um justo pode muito em seus efeitos" (Tiago 5.16).

FIXANDO O APRENDIZADO

1. Qual a importância do culto doméstico?

____
____
____
____

2. O que significa “os pais devem ter a Palavra em suas mãos”?

____
____
____
____

3. Descreva um roteiro básico para ser utilizado no culto doméstico.

____
____
____
____

10

FINANÇAS: A CULPA NÃO É SÓ DO SALÁRIO

"Aprender viver dentro de suas possibilidades é o primeiro passo para um futuro financeiro sólido"
Daniel Dantas

"O Senhor seja engrandecido, o qual ama a prosperidade do seu servo."
Salmos 35.27

DATA

PROFESSOR

Engana-se quem pensa que somente a infidelidade conjugal pode levar ao fracasso da família. A infidelidade é o primeiro motivo, mas o segundo e não distante do primeiro são as finanças.

Um comportamento financeiro incoerente tem sido motivo de muitas brigas entre casais. A questão não é ausência de amor, pois eles se amam, mas que não conseguem se organizar financeiramente. E, muito possivelmente, casais que não discutem a respeito do orçamento familiar podem um dia estar discutindo sobre o divórcio.

Essa lição trará compreensão a respeito de crenças que podem limitar sua prosperidade, como também o entendimento de que não basta você dizimar 10% se não tem gerenciamento do que faz com 90%.

CRENÇAS LIMITANTES A RESPEITO DO DINHEIRO

Existem crenças que diminuem suas possibilidades e capacidades, seu poder de transformação e crescimento. São pensamentos ou interpretações que impedem você de obter melhores resultados e alcançar suas metas. Essas crenças são chamadas de **crenças limitantes**.

Geralmente, elas têm origem na infância, quando alguém que exerce autoridade sobre sua vida (pais, irmãos mais velhos, professores e líderes), declaram algo que você acolhe como sendo verdade a seu respeito e sobre sua vida. Um grande número de pessoas considera-se burras, feias e incapazes porque ouviram isso quando crianças, e esta é a razão de terem a vida travada em diversas áreas.

Na vida financeira ocorre a mesma dinâmica. Vejamos, então, um exemplo de como essas ideias limitantes podem ser sutilmente colocadas na mente de alguém.

O meu pai havia vendido um carro e recebeu o pagamento em espécie. Eu estava com oito anos de idade à época e quando vi o dinheiro achei que havíamos nos tornados ricos. Mal sabia eu que aquele dinheiro nem era tanto como pensei. Empolgado com a possibilidade de ter todos os brinquedos do mundo e comprar uma fábrica de sorvetes, peguei um pequeno montante de notas e dei um beijo.

Entretanto, antes que pensasse em dar um segundo "selinho" no dinheiro que me faria dono de todos os carrinhos do mundo, minha mãe deu um tapa na minha mão; só de lembrar ainda sinto a dor. Como se o tapa não bastasse, minha mãe lavou a minha boca com muita força e ainda passou um pano umedecido com álcool para finalizar dizendo: "Nunca mais faça isso porque **dinheiro é sujo**".

Pouco tempo depois, meu pai recebeu a visita de um amigo seu que desfrutava uma de excelente condição financeira. Quando ele foi embora, ouvi meu pai dizer: "Ele é **podre de rico**". Agora eu já tinha duas informações a respeito do dinheiro: 1) ele é sujo e 2) quem tem muito dele fica podre. Pensei que na igreja alguém pudesse me instruir melhor a respeito do assunto.

Certo dia, ouvi um pregador afirmar, aos gritos, que "Jesus disse que é mais fácil um camelo passar no fundo de uma agulha do que um rico entrar no Reino de Deus" (Mateus 19.24). Pronto! Agora eu tinha três informações relacionadas ao tema do dinheiro: 1)

dinheiro é sujo; 2) **quem tem muito dinheiro é podre**; 3) **ricos não vão para o céu**. Em minha imaturidade, o que é próprio de uma criança, concluí que não é bom ter dinheiro na mão; não é bom ter muito dinheiro; ter dinheiro é estar de posse do passaporte para o inferno.

De posse dessas informações, não cheguei ao extremo de rasgar dinheiro, mas sempre dava um jeito de gastá-lo o mais rapidamente possível, nunca o juntava e olhava para uma pessoa bem-sucedida como um candidato ao inferno. Uma crença limitante foi instalada com sucesso em minha mente, e isso prejudicou-me por muito tempo. Contudo, as palavras de Jesus registradas em João 8.32 são a plena representação da verdade. O texto diz: "E conhecereis a verdade e a verdade vos libertará" (João 8.32).

Lendo e meditando na Palavra, nunca li uma passagem em que Deus tenha dito que o dinheiro seja sujo ou ruim, mas sim que o amor ao dinheiro é prejudicial ao ser humano. Dinheiro no bolso/conta é bênção, no coração ele se torna maldição.

A Bíblia nunca afirmou que os ricos não entrariam no Reino de Deus; em nenhum versículo da Palavra isso é afirmado. Se fosse verdade que ricos não entrarão no Reino, teríamos que imaginar Abraão, Isaque, Jacó, Jó, Davi e tantos outros homens de Deus morreram sem serem alcançados pela salvação que anunciaram. A afirmação de Jesus refere-se à *dificuldade* de um rico entrar no Reino de Deus não da *impossibilidade*. São muitos os homens e as mulheres bem-sucedidos que sendo ricos não têm amor ao dinheiro, antes usam suas posses financeiras como um canal de bênçãos na obra de Deus, ajudando suas igrejas-locais e contribuindo com a obra missionária.

Feitas essas considerações, a minha oração é para que você seja liberto de toda palavra limitadora que foi lançada sobre sua vida, afirmando que na sua família ninguém prospera, ninguém estuda, ninguém enriquece. Ainda que isso seja verdade, você pode declarar que será o primeiro a prosperar para abençoar sua casa, sua igreja e fazer crescer ainda mais o Reino de Deus. Você pode dizer amém?

ADORAÇÃO

Ao visualizar esta palavra você pode até se perguntar: O que adoração tem a ver com finanças?

O livro do profeta Malaquias contém o texto áureo da Bíblia com respeito aos dízimos e às ofertas, porém vale lembrar que esse livro é um livro que fala sobre adoração.

Os sacrifícios de adoração a Deus estavam sendo negligenciados pelos levitas e sacerdotes a ponto de o Senhor lhes dizer que era melhor não haver culto do que ter um culto prestado sem honra: "Quem há também entre vós que feche as portas por nada, e não acenda debalde o fogo do meu altar? Eu não tenho prazer em vós, diz o Senhor dos Exércitos, nem aceitarei oferta da vossa mão" (Malaquias 1.10).

De nada adiantaria falarmos a respeito das finanças pessoais se você não tiver um compromisso sólido com respeito a sua adoração a Deus através do seu dinheiro.

Nós podemos conhecer o coração de uma pessoa por intermédio de, no mínimo, três formas: rosto, boca e ofertas.

Pelo **rosto**, porque Salomão disse que o coração alegre aformoseia o rosto. Pela **boca**, porque Jesus disse que a boca fala do que está cheio o coração. Pela **oferta**, porque Paulo disse que cada um deve contribuir segundo propôs no seu coração. A sua oferta denuncia o seu coração.

Jesus disse que o povo o honrava com os lábios, mas o coração estava longe dele. Será que não caímos na mesma condenação quando cantamos que queremos entregar a Cristo nosso melhor, mas insistimos em ofertar sempre o nosso pior?

Só há dois os tipos de pessoas dizimam e ofertam na casa de Deus: 1) os que confiam (têm fé) em que jamais lhes faltará algo e 2) os que são gratos porque jamais lhes faltou alguma coisa.

A igreja de que você faz parte não tem um anjo que aparece mensalmente aos cultos e paga os custos com a manutenção da obra/do templo de Deus. Nós, que fazemos parte da igreja-local é que, em gratidão a Deus, devemos fazer isso.

O seu pastor, que tanto abençoa você e sua família através do cuidado e da ministração da Palavra, é digno de um bom salário. Se ganham muito bem aqueles que cuidam da saúde do corpo, como devem ser ainda mais honrados aqueles que tratam da saúde da alma? Você já convidou o seu pastor ou líder para uma refeição em sua casa? Ou você acha que essas pessoas só têm de estar na sua casa quando alguma crise estiver instalada ou ocorrer alguma perda?

Quando você honra os enviados de Deus, está honrando o próprio Deus, e está pronto a viver em sua experiência pessoal o que o Senhor diz: "Honrarei aqueles que me honram, e desprezarei aqueles que me desprezam" (1Samuel 2.30; NVT). Deus trabalha com princípios, e o princípio estabelecido para uma vida financeira abençoada é o princípio dos dízimos e ofertas. Não adianta pedir chuva se você não lançou sementes na sua terra. Somente orar e jejuar para que Deus o prospere não adiantará. O princípio para colher prosperamente na vida financeira é semear ofertas de ordem financeira. Não espiritualize seus fracassos financeiros. Se você é irresponsável com suas finanças, Deus nada pode fazer. Corrija o curso e obedeça aos princípios, porque o desejo de Deus é prosperar você e sua casa.

MÃO NA MASSA

> *"Pois qual de vós, querendo edificar uma torre, não se assenta primeiro a fazer as contas dos gastos, para ver se tem com que a acabar?" (Lucas 14.28)*

Para que haja um ajuste em suas finanças você deve colocar em prática as seguintes regras:

Situe-se

Algumas pessoas pensam que se não tiverem conhecimento sobre sua real situação financeira evitarão o sofrimento. Tal atitude é semelhante à de uma pessoa que está doente e não quer ir ao médico porque sabe que ele vai recomendar a cirurgia.

São pessoas que não têm ideia do seu custo fixo mensal, que não sabem onde está havendo perdas em sua empresa, que não têm ideia do que acontece com o salário que sempre está todo comprometido.

Por pior que seja a crise, QUANTIFIQUE a situação; saiba quanto ganha, quanto pode gastar e o que fazer para poupar ou investir. Quantificar tem a ver com a resposta a perguntas apresentadas nas Escrituras:

- Quantos pães e peixes você tem? Cinco pães e dois peixinhos.
- O que você tem em casa? Apenas uma vasilha de azeite.

O sobrenatural acontece quando você comunica com verdade a real situação. Lembre-se de que "O que não pode ser mensurado não pode ser gerenciado".

Organize-se

Organização requer mudança.

Após situar-se e ter real noção de seus gastos, é necessário fazer as mudanças necessárias para que se viva um futuro de estabilidade e prosperidade.

Talvez isso vai requerer a redução momentânea do padrão de vida: adquira um carro mais barato ou, quem sabe até, por um momento, abra mão de ter um veículo. Faça substituições intencionais, como: alugue um imóvel mais barato, matricule os filhos ou a si próprio em uma instituição de ensino mais barata; elimine um, vários ou todos os cartões de crédito, cancele a TV a cabo, reduza idas a restaurantes ou opte por um com preços mais em conta. Enfim, a lista de mudanças é grande, mas maior ainda será o benefício de conquistar uma vida ajustada financeiramente. Essa redução no padrão de vida é o famoso “dar um passo para trás para, no futuro, avançar dois para frente”.

Poupe

A ignorância nada faz por você, mas o conhecimento, se acompanhado de atitudes, produz crescimento. Não é sobre o quanto você sabe, mas sobre o quanto você prática.

Não adianta ter conhecimento de como ocorrem as perdas, se você não tiver atitudes para como começar a ganhar. você ainda não é.

Ser capaz de aumentar a sua renda — através de cursos, empreendimento ou outras formas — seria ótimo. Mas se você ainda não consegue fazer isso, deve começar urgentemente a poupar parte da renda que tem. Converse com o gerente do seu banco e ele lhe dará sugestões de formas práticas, realizáveis pelo celular através do aplicativo do seu banco, para que possa começar a investir seus recursos de forma segura.

Em Provérbios 16.3, lemos o seguinte: “Consagre ao Senhor tudo o que você faz, e os seus planos serão bem-sucedidos”. Neste versículo, Salomão fala sobre a consagração ao Senhor, mas também fala a respeito de planejamento “planos”. Ao leitor atento, fica clara a necessidade de se ter um planejamento financeiro. Seja fiel aos princípios da Palavra de Deus e, então, aguarde pelas bênçãos do Senhor sobre sua vida.

Fixando o Aprendizado

1. Como uma crença limitante pode travar o crescimento financeiro?

2. Baseado na lição, quais são as 3 formas pelas quais se pode conhecer o coração de uma pessoa?

3. De forma prática, o que podemos fazer para organizar as finanças?

11

FAMÍLIAS REAIS: MINHA FAMÍLIA NÃO É COMO AS QUE VEJO NO INSTAGRAM

"O amor é sempre paciente e generoso. Nunca é invejoso, não é rude nem egoísta. Não se ofende nem se ressente, mas se regozija com a verdade"
1Coríntios 13.4-6

DATA

PROFESSOR

O autor aos hebreus recomenda que a vida do discípulo de Jesus deve ser "[...] sem avareza, contentando-vos com o que tendes; porque ele disse: Não te deixarei, nem te desampararei" (Hebreus 13:5), isso porque encontrar contentamento em nossa família e nas bênçãos que Deus nos concedeu nos liberta da necessidade de viver uma farsa para sermos aceitos.

> *"O amor é sempre paciente e generoso. Nunca é invejoso, não é rude nem egoísta. Não se ofende nem se ressente, mas se regozija com a verdade", declarou Paulo, o apóstolo aos gentios. (1Coríntios 13.4-6)*

Vivemos em uma era digital, onde as redes sociais, muitas vezes, nos expõem a imagens de famílias aparentemente perfeitas, levando-nos à armadilha da comparação e da frustração. No entanto, a Palavra de Deus nos ensina a valorizar e apreciar nossa própria família, reconhecendo que cada lar é único e precioso aos olhos de Deus. Comparar nossas famílias com base no que vemos nas redes sociais é um grande perigo. Devemos sempre ter em mente que, talvez, a grama do vizinho, que aparenta ser tão mais verde que a nossa, é porque é de plástico.

COMPARAÇÃO: UM HÁBITO QUE RESULTA EM FRUSTRAÇÃO

Se há uma forma facílima de fazer alguém se sentir desconfortável, incomodado, mal de verdade, é por intermédio da comparação. Comparar-se é algo adquirido e aprendido, algo aprendido pelo ser humano e que se torna um hábito que o faz sentir-se inadequado, inferior e até injustiçado, uma vez que, geralmente, se compara os próprios bastidores com os palcos alheios.

A comparação é por natureza uma prática prejudicial, que não anda sozinha; ela costuma ter outras companhias que a tornam ainda mais prejudicial. A inveja é uma das embalagens nas quais a comparação vem embrulhada, ainda que nem todas as pessoas se deem conta disso e, principalmente, admitam tal realidade.

Muitas pessoas acabam caindo nessa armadilha; mesmo aquelas que frequentam nossas igrejas e já tiveram um encontro com Jesus, em algum momento da vida cedem à tentação de comparar sua vida com a de pessoas que vivem sem levar Deus em consideração e, fazendo isso, acabam abrindo-se para sentimentos que flertam com o pecado. Sim! Inveja é pecado.

Nas Escrituras, vemos homens de Deus, como Asafe, advertindo-nos em relação a vigiarmos a fim de não cedermos a esse mal. É o que veremos a seguir.

LIÇÕES QUE ASAFE NOS ENSINA

Asafe é uma personagem da Bíblia especialmente conhecido pelo salmo 73. Era levita, músico do rei Davi e um dos principais compositores de cânticos e salmos do Antigo Testamento. Apesar disso, reconheceu haver incorrido no pecado da inveja. Veja as palavras deste salmista em Salmos 73.2,3: "Quanto a mim, **os meus pés quase que se desviaram**; pouco faltou para que escorregassem os meus passos.

Pois eu tinha inveja dos néscios, quando via a prosperidade dos ímpios"

A inveja é um pecado sutil que ninguém vê, apenas Deus vê. Por vezes, nem mesmo a pessoa invejosa é capaz de enxergar que caiu no pecado da inveja. Apesar disso, a inveja é um pecado que leva muita gente a uma situação espiritual grave, basta lembrar que a inveja foi o que levou Caim a desejar tirar a vida de seu irmão, o que ele planejou de forma ardilosa, o que se tornou o primeiro homicídio, uma mancha indelével na história humana pós-queda.

A DIREÇÃO PARA ONDE OS MEUS OLHOS DEVEM OLHAR

Asafe admitiu que o que quase o levou à destruição foi o fato de ele invejar os néscios. A inveja do salmista nasceu no instante em que ele adquiriu o hábito de comparar-se com pessoas diferentes dele, que não se dedicavam a manter um relacionamento com Deus. Asafe olhou para onde não deveria ter olhado, ficou observando a vida alheia em lugar de cuidar da sua própria e, por isso, quase arruinou-se, desviando da fé.

Muitos estão exatamente nesta situação: desviados da fé, devido ao pecado da inveja motivado pela comparação. Elas são crentes, mas não são capazes de ver o que Deus tem realizado na vida delas. Perdem tempo, saúde emocional e espiritual por haverem fixado os olhos na prosperidade dos ímpios e considerando-se miseráveis em comparação com eles.

VOCÊ SENTE FALTA DO QUÊ?

Em determinado momento, a situação de Asafe assemelha-se à do filho pródigo quando este desejava comer a comida dos porcos e, invejando esses animais por terem o que comer enquanto passava fome, decidiu voltar à casa do pai. Em uma situação em que quase se desviou, Asafe também cai em si. Veja o que ele afirma no verso 25 do salmo 73: "Quem tenho eu no céu senão a ti? E na terra não há quem eu deseje além de ti".

Quando percebe quem era seu maior tesouro, o salmista encontra a verdadeira felicidade. Pode-se inferir que sempre que houver comparação, a dúvida instala-se. Somente a visão míope é capaz de fazer alguém vislumbrar uma vida como aquelas estampadas em capas de revistas e nos sites e blogs mais badalados; entretanto, um olhar mais apurado, com as lentes corretas deve ter como foco a própria condição espiritual.

Afinal, o que falta a você para que possa declarar que, de fato, é alguém realizado? Você pensa que se tiver o mesmo estilo de vida de uma pessoa que desconhece Deus ou que vive sem levá-lo em consideração será alguém realizado? Ou preferirá manter sua confiança no Senhor, sem desviar os olhos para os lados, mas mantendo-se firme na pessoa de Deus e nas promessas que ele, um dia, fez a você?

A COMPARAÇÃO NA FAMÍLIA

Comparar nossa família com a de outras pessoas tem alto potencial para nos levar à insatisfação e à frustração, obscurecendo nossa visão quanto à beleza única de nossa própria família. Pode acontecer de, enquanto você reclama de sua família, haja alguém orando e pedindo a Deus para ter uma família como a sua. Muitas coisas que temos, mas não valorizamos são o grande desejo de alguém.

A inveja também revela grande ingratidão. Em 1Timóteo 5.8, Paulo afirma que: "Se alguém não cuida de seus parentes, e especialmente dos de sua própria família, negou a fé e é pior que um descrente".

Valorizar nossa família é uma expressão de nossa fé e de nosso compromisso com os princípios divinos. Cuidar dela também implica dar-lhe o devido valor, livrando-se de comparação, especialmente aquelas feitas nas redes sociais. Mantenha em mente que nem sempre o sorriso da foto revela o estado da alma. A ostentação pode ter sido causa de muita dor antes de ser motivo de muitos likes.

O PERIGO DE VIVER UMA FARSA

Nas redes sociais, somos frequentemente bombardeados com imagens de famílias aparentemente perfeitas, o que nos leva a fazer comparações que nos conduzem a, muitas vezes, viver uma farsa para sermos aceitos. No entanto, a Palavra de Deus nos exorta a valorizar (1Timóteo 5.8) e apreciar nossa própria família, reconhecendo que cada lar é único e precioso aos olhos de Deus. O perigo de viver uma farsa em busca de aceitação é que isso, à luz dos princípios bíblicos, pode comprometer nossos valores e até mesmo nossas finanças.

No evangelho de Mateus 23.27,28, Jesus advertiu a respeito da hipocrisia. Para exemplificar, o mestre comparou os fariseus a sepulcros caiados, bonitos por fora (na aparência), mas cheios de podridão por dentro (a realidade). Viver uma farsa para sermos aceitos pode nos levar a uma vida de total incoerência.

Deus valoriza a honestidade e a integridade em todas as áreas de nossa vida, incluindo a forma como nos apresentamos nas redes sociais. O autor de Provérbios 12.22 declara que: "Os lábios mentirosos são abomináveis ao Senhor, mas os que agem fielmente são o seu deleite"

Aquele que compara suas condições financeiras começa a contar mentiras e viver um estilo de vida completamente fora de sua realidade, apenas para manter a aparência e ser aceito, muitas vezes por pessoas que não lhe dão a mínima atenção e para quem elas são insignificantes.

O complexo de inferioridade, faz a pessoa pensar que ela só tem valor aos olhos dos outros e se viver no mesmo nível dos demais. Se para se sentar à mesa com seus amigos você só serve se tiver as mesmas condições financeiras que eles, seria o caso de se pensar em mudar de mesa e também de amigos. Os verdadeiros amigos aceitam você como é de verdade.

PROTEGENDO NOSSOS VALORES E FINANÇAS

Devemos priorizar nossa integridade e reputação acima da busca por status ou por curtidas nas redes sociais. O texto de Provérbios 22.1 declara que "Melhor é o nome do que as muitas riquezas; e o ser estimado é melhor do que a riqueza e o ouro"

Há um antigo ditado que diz: "Galinha que acompanha pato, morre afogada". Em resumo, a frase comunica que você deve entender quem você é, e quais são as suas condições.

Não comprometer seu nome visando a obter status e o apreço de pessoas que valorizam o que você expõe e não quem, de fato, você é.

No evangelho de Mateus 6.19-21, Jesus adverte a respeito da busca por tesouros terrenos que se corrompem e se perdem. Devemos ser prudentes ao expor nossa vida financeira e evitar comprometer nossos valores em busca de aceitação e aprovação social.

ENCONTRANDO CONTENTAMENTO EM NOSSA FAMÍLIA

Encontrar contentamento em nossa família e nas bênçãos que Deus nos concedeu nos liberta da necessidade de levar uma vida de fachada para agradar os outros e sermos aceitos por eles.

Em Filipenses 4.11,12, Paulo diz: "Não estou dizendo isso porque esteja necessitado, pois **aprendi** a adaptar-me a toda e qualquer circunstância. Sei o que é passar necessidade e sei o que é ter em abundância. **Aprendi** o segredo de viver contente em toda e qualquer situação, seja bem alimentado, seja com fome, tendo muito, ou passando necessidade".

Observe que Paulo diz que "aprendeu" viver contente. O contentamento é uma disciplina que pode ser aprendida através de um professor chamado Gratidão. Você só recebe bênçãos em suas mãos se, antes, erguê-las para agradecer a Deus por tudo o que ele já tem feito.

Assim, ao invés de nos compararmos com as famílias aparentemente perfeitas que aparecem aos milhares nas redes sociais, devemos encontrar contentamento e valor em nossa própria família, reconhecendo-a como um presente precioso de Deus. Que possamos cultivar uma cultura de gratidão, amor e valorização em nossos lares, guiados pelos princípios eternos da Palavra de Deus.

Fixando o Aprendizado

1. O que levou Asafe a uma crise existencial?

____
____
____
____

2. Como uma pessoa pode se complicar financeiramente por sentir de inveja alguém?

____
____
____
____

3. Quais são os princípios bíblicos que nos lembram da importância de valorizar e cuidar de nossa família?

____
____
____
____

12

NÃO NEGOCIE SEU CASAMENTO

"Não erreis: nem os devassos, nem os idólatras, nem os adúlteros, nem os efeminados, nem os sodomitas ,nem os ladrões, nem os avarentos, nem os bêbados, nem os maldizentes, nem os roubadores herdarão o Reino de Deus"

,1Coríntios 6.10

DATA

PROFESSOR

A prática do adultério tem aumentado no meio evangélico. Como vemos no texto bíblico acima, os adúlteros estão na lista dos tipos de pecadores que não entrarão no Reino de Deus. O adultério é pecado gravíssimo aos olhos de Deus, o Criador do casamento, do lar e da família.

A sociedade sem Deus, não o vê o adultério como algo pecaminoso, mas o considera como uma tendência natural do ser humano, que, à luz da teoria da evolução, considera o homem um polígamo por natureza, seguindo o exemplo de certos animais. No entanto, a visão cristã passa pelo crivo da Palavra de Deus, que considera a infidelidade conjugal como vergonhosa traição aos princípios sagrados, estabelecidos por Deus para o casamento.

Nos Evangelhos, não há uma só referência à poligamia, à bigamia, ou a qualquer outro tipo de arranjo para o casamento, que seja aprovada pelo Senhor Jesus Cristo, exceto a que ele deixou explícito em sua Palavra. Enquanto no Antigo Testamento a poligamia foi tolerada por Deus em alguns contextos, no Novo Testamento, a régua da graça é mais alta.

Quando Jesus fala sobre o divórcio, mostra a monogamia, a união heterossexual, e o valor da fidelidade conjugal: "Eu vos digo, porém, que qualquer que repudiar sua mulher, não sendo por causa de prostituição, e se casar com outra, comete adultério; e o que se casar com a repudiada também comete adultério" (Mateus 19.9). A expressão sublinhada "sua mulher" e se casar "com outra" é a reafirmação de Cristo quanto ao casamento monogâmico. Ele não diz "suas mulheres", ou se casar com "outras mulheres", o que reforça a visão sobre a união conjugal.

Quando há infidelidade, ou adultério, se não houver perdão e arrependimento sincero do cônjuge infiel, se não houver condição emocional para a convivência, o casamento acaba; a aliança é rompida. Só um milagre no coração do cônjuge traído pode fazer que este aceite a restauração dos laços emocionais e espirituais estraçalhados por um ato (ou muitos) de infidelidade por parte do seu cônjuge.

CAUSAS DO ADULTÉRIO

A palavra adultério vem do latim, *adulterium*, que tem o sentido de "dormir na cama alheia". É a relação sexual entre pessoa casada, com outra que não é o seu cônjuge. A sociedade sem Deus admite uma "união estável", sem o respaldo espiritual e formal de duas pessoas, inclusive a de caráter homossexual.

Muitos veem o casamento apenas como um contrato com prazo de validade. Mas, quando duas pessoas se casamento, principalmente, se são cristãos, o fazem na igreja, diante de um ministro, perante Deus, a igreja e as testemunhas, que representam a comunidade; fazem votos de fidelidade um ao outro, assumindo o compromisso de serem fiéis até que a morte os separe. Quando há infidelidade, há uma quebra da aliança matrimonial e total desrespeito à autoridade de Deus e a seu plano para a formação do lar e da família.

1 - DE ORDEM ESPIRITUAL

a) Quebra do mandamento divino. A infidelidade não acontece por acaso. É um processo, que pode começar com pequenas coisas, que vão de encontro aos princípios espirituais para o matrimônio. E pode começar antes mesmo do casamento. Se um casal de jovens desobedece à Palavra de Deus, durante o período do namoro ou no noivado, está lançando as sementes daninhas que gerarão um casamento infeliz. Durante o casamento, se o casal não valoriza os princípios de Deus para a família e desobedece a sua doutrina, está edificando sua casa sobre a areia (Mateus 7.26).

Viver uma vida a dois com amor, dedicação um ao outro e mantendo-se fiel parece que não ser estimulante. Mas trair, prevaricar, ter novas experiências amorosas, inclusive em relações abertas parece muito agradável à carne. Entretanto, a condenação de Deus ao adultério foi expressa, solenemente, pelo Senhor, quando Ele chama a atenção para a situação espiritual dos sacerdotes e da nação de Judá (Malaquias 2.13-15):

> *Ainda fazeis isto outra vez, cobrindo o altar do Senhor de lágrimas, com choro e com gemidos; de sorte que ele não olha mais para a oferta, nem a aceitará com prazer da vossa mão.*
> *E dizeis: Por quê? Porque o Senhor foi testemunha entre ti e a mulher da tua mocidade, com a qual tu foste desleal, sendo ela a tua companheira, e a mulher da tua aliança.*
> *E não fez ele somente um, ainda que lhe sobrava o espírito? E por que somente um? Ele buscava uma descendência para Deus. Portanto guardai-vos em vosso espírito, e ninguém seja infiel para com a mulher da sua mocidade.*

Numa cerimônia de casamento, em muitas igrejas, há exemplos de quanto os noivos se preocupam com o cerimonial, com a ornamentação do templo, com a quantidade de testemunhas escolhida pelos noivos, mas não são raros os casos em que tais casamentos, realizados com tanta pompa, acabem em divórcio.

A razão não seria porque se esqueceram de que Deus foi testemunha de seu compromisso e, depois, esse compromisso foi quebrado, de forma decepcionante, pelo adultério?

É indispensável que os casais cristãos se preparem melhor para o casamento, dando mais valor ao lado espiritual de sua união, diante de Deus, do que apenas aos detalhes luxuosos da cerimônia e da festa.

b) Falta de relacionamento com Deus. A Palavra de Deus exorta os maridos a amarem suas [respectivas] esposas (Efésios 5.25). Esse amor deve começar pelo relacionamento espiritual, com o amor de Deus, o amor "ágape", e ser cultivado, através do amor humano, do amor conjugal, sincero e dedicado.

Quando o esposo e a esposa cultivam o relacionamento com Deus, em seu lar, dando tempo para atividades simples, no aspecto espiritual, a tendência é que o casamento seja fortalecido e sua família edificada, segundo os princípios de Deus. Para isso é indispensável que haja um ambiente espiritual no lar.

c) Falta de vigilância e oração: "Vigiai e orai, para que não entreis em tentação; na verdade, o espírito está pronto, mas a carne é fraca" (Mateus 26.41).

A oração é indispensável, mas a vigilância vem em primeiro lugar. Ninguém passa o dia todo orando, em todos os ambientes, a não ser em espírito, na mente. Mas o que se passa ao nosso redor deve chamar a nossa atenção.

A vigilância constante é indispensável para uma vida santa. É necessário estar atento aos sinais ou indícios da ação do Maligno. Paulo adverte o cristão a estar preparado para enfrentar "as astutas ciladas do diabo" (Efésios 6.11).

d) Falta de caráter espiritual: Entende-se por "caráter", "o que distingue uma pessoa de outra"; "o conjunto de traços psicológicos, o modo de ser, de sentir e de agir, de um indivíduo; índole, temperamento". O caráter é a característica responsável pela ação, reação e expressão da

personalidade. É a maneira própria de cada pessoa agir e expressar-se. Tem a ver com a própria conduta. É a "marca" da pessoa. O caráter faz parte da personalidade. É demonstrado pelas atitudes, pelas ações de cada pessoa.

Transportando esses significados para a vida espiritual, podemos dizer que o caráter cristão é resultado da formação espiritual de cada crente em Deus. Quando a formação do caráter espiritual é deficiente, ou inexistente, a tendência é a pessoa comportar-se de modo estranho aos princípios divinos descritos na Palavra de Deus. Eles devem ser absorvidos desde a infância, conforme a orientação bíblica: "Instrui o menino no caminho em que deve andar, e, até quando envelhecer, não se desviará dele" (Provérbios 22.6). A Bíblia também exorta os jovens:

"Lembra-te do teu criador nos dias da tua mocidade" (Eclesiastes 12.1).

2 - DE ORDEM COMPORTAMENTAL

a) Falta de comunicação entre marido e mulher. A falta de comunicação entre o marido e sua esposa tem sido uma das principais causas eficientes para o desgaste em seu matrimônio. O corre-corre do dia, os estresses do trabalho acabam minando o tempo do casal, fazendo não restar ao marido tempo para se dedicar à esposa. O resultado disso é, muitas vezes, o esfriamento do amor conjugal.

Estudos comprovam que a falta de diálogo, de conversa a dois, de atenção um ao outro, contribui mais para o adultério do que a atração ou sedução sexual. Assim, é indispensável ao marido olhe para sua agenda e reservar nela tempo para comunicar-se com sua esposa.

Na ausência de Adão, Eva desenvolveu um diálogo com Satanás. Em sua ausência sua esposa pode fazer o mesmo com os enviados do diabo.

CONSEQUÊNCIAS DO ADULTÉRIO

a) Morte espiritual

O sábio Salomão, usado por Deus, exortou e advertiu quanto aos perigos do adultério. Sua palavra era a Palavra de Deus convocando seus filhos à vigilância contra a infidelidade conjugal.

Com um realismo extraordinário, o Senhor verberou contra a prática pecaminosa, reconhecendo que "os lábios da mulher estranha destilam favos de mel, e o seu paladar é mais macio do que o azeite" (Provérbios 5.3). É comum a amante, a prostituta ou a adúltera propiciar ao marido infiel a prática de atos que não são admitidos pela esposa, e nesse momento a carnalidade provoca o prazer mais intenso. São "favos de mel" que, depois, podem transformar-se em "favos de fel". É a proposta matando um propósito.

b) Quebra da confiança entre pais e filhos

Os filhos veem em seus pais os seus maiores exemplos para a vida. Deveria ser assim. Eles sentem-se felizes e seguros quando veem seus pais em atitude de respeito e amor. Isso é fundamental para sua formação espiritual, moral e afetiva. Entretanto, quando uma criança, um adolescente ou um jovem sabe que seu pai trai sua mãe, ou vice-versa, eles sentem o impacto emocional disso. Um menino, em prantos, perguntou ao seu pai: "Pai, por que o senhor faz isso com a mamãe? Por que o senhor tem outra mulher?"

Não adiantam explicações. A tristeza, a insegurança e, muitas vezes, a revolta instalam-se no coração dos filhos. O resultado disso é baixa no desempenho escolar, tendência ao consumo de bebidas e drogas, desenvolvimento de doenças emocionais diversas e aversão ao casamento. Muitos jovens não querem se casar em razão do que presenciam no casamento de seus pais.

COMO EVITAR O ADULTÉRIO

a) Orar sempre. Não há como escapar da oração. Como diz certo ditado cristão: "Muita oração, muito poder; pouca oração, pouco poder; nenhuma oração, nenhum poder". É simplista? Pode ser. Mas é real. Jesus mandou vigiar e orar para não cair em tentação (Mateus 26.41).

O que levou o rei Davi a adulterar com a esposa de um soldado do exército que defendia seu reino e sua vida? Pior ainda: O que o levou a perder todo o senso de respeito e consideração pelo general Urias, quando mandou chamá-lo de volta para casa, após usar a esposa do amigo e fiel guerreiro, e vendo que sua artimanha não funcionava, mandou-o de volta à batalha, levando a própria sentença de morte em mãos?

Não foi falta de mulheres. Ele era o rei e tinha sete mulheres e dez concubinas.

O que derrotou Davi foi a falta de oração!

Enquanto o exército de Israel lutava, ele passeava no terraço do palácio, ocioso. Deveria, ao levantar-se do repouso merecido, ter ido orar por seu povo, pelos soldados que arriscavam a vida, defendendo o seu reino (2Samuel 12.7-14).

Orar é tão necessário quanto comer, tomar água, repousar e exercitar o corpo. Orar é o respirar da alma. Se uma pessoa passar mais de três minutos sem respirar, seu cérebro sofrerá lesões que podem ser irreversíveis, podendo até causar a morte. Sem oração, certamente, advirão "lesões" espirituais que podem levar à morte. Ninguém consegue vencer as tentações, os ataques malignos contra a vida, o lar, o ministério e o casamento, sem oração.

b) Vigiar sempre. Se a oração é o respirar da alma, o que evita que ela morra, a vigilância é a "câmera de segurança" em torno da vida cristã. Além de grades de proteção, as pessoas instalam câmeras de segurança e cercas elétricas em torno de suas residências para evitar a ação de marginais, que vivem à procura de oportunidades de tomar para si os bens alheios. Esses sistemas não os impedem, mas podem evitar muitas ações de meliantes.

Na vida espiritual, a vigilância é indispensável. Sem a vigilância, a oração pode perder seus efeitos benéficos, pois surpresas e "ciladas do diabo" podem ocorrer a qualquer momento, quando menos se espera.

c) Honrando a esposa (1Pedro 3.7). Há maridos que se envergonham de suas esposas. Às vezes, por causa das marcas do tempo nela impressas. Quando a mulher perde a graça da juventude, há esposos que deixam de se interessar por elas; isso é brecha para o adversário penetrar no relacionamento. Honrar a esposa, dando a ela o apreço e o respeito necessários, é fator decisivo para uma vida conjugal feliz. E isso também é aplicável às mulheres também, pois a Bíblia diz que a esposa deve reverenciar seu marido (Efésios 5.33).

d) União com a esposa (1Coríntios 1.10). Essa união deve ser, não só espiritual, mas amorosa, afetiva; o esposo deve, não só amar sua esposa, mas saber demonstrar esse amor através de afeto, carinho e palavras (Cantares 4.10; Provérbios 31.29); investir na intimidade com a esposa, não só com palavras, mas de modo concreto, com gestos, abraços e carícias (1João 3.18; 1Pedro 3.8). É necessário manter o namoro no casamento. O cuidado com a parte sexual é importante para o equilíbrio espiritual, emocional e físico do marido e sua esposa. Quando o casal não vive bem nessa área, o Diabo procura prejudicar o relacionamento, a fim de destruir a família. O inimigo tem trabalhado de modo constante para levar o marido ou a esposa a pecar nesse ponto.

RESISTINDO ÀS TENTAÇÕES

Jesus foi tentado em tudo, mas não pecou (Hebreus 4.15). O cristão, porém, por mais que se considere santo, não está imune às tentações. Se Davi, considerado um homem segundo o coração de Deus (Atos 13.22), cedeu a tentação; se Sansão, um herói da fé, ungido por Deus para derrotar os filisteus, também cedeu, não pensemos nós que estaremos livres de sermos tentados.

Mas, como fugir das tentações?

a) Vigiando e orando. A "carne é fraca..." (Mateus 26.41). O cristão deve viver em oração (1Tessalonicenses 5.17), em comunhão permanente com o Senhor. E isso é possível. Todos os dias, desde o início da jornada, precisam começar com oração. O cristão deve orar diariamente, passando tempo significativo na presença de Deus.

b) Resistindo ao Diabo. O inimigo sabe que a área sexual e sentimental é um ponto sensível (e fraco) para muitas pessoas, notadamente os jovens. Ele os ataca muito nessa área. Mas é possível resistir e vencer (1Pedro 5.8,9; Tiago 4.7). José é um exemplo notável de alguém que venceu a tentação. Sendo o homem de confiança da casa de Potifar, não cedeu aos encantos da esposa de seu senhor. Ele resistiu e venceu, ainda que, para isso, tenha pago um preço terrível. Ao final, Deus o recompensou de modo glorioso. José fugiu da tentação e governou; Sansão ficou, brincando com o pecado, e morreu. Decisões definem destinos.

FIXANDO O APRENDIZADO

1. Como Deus vê a prática do adultério?

____

____

____

____

2. Como evitar o adultério?

____

____

____

____

3. Como resistir as tentações?

____

____

____

____

13

PERDÃO: O CAMINHO PARA RESTAURAÇÃO

"E perdoa-nos as nossas dívidas, assim como nós perdoamos aos nossos devedores."
Mateus 6.12; Almeida Corrigida Fiel [ACF]

"O perdão esclarece o passado e protege o futuro."
Max Lucado

DATA

PROFESSOR

A declaração de que "vida e morte estão no poder da língua", é do sábio Salomão. Essas são palavras providas de sabedoria e são a mais pura verdade, pois, a partir do que falamos podemos tanto levar cura como fazer alguém adoecer; a escolha é nossa.

Precisamos falar sobre perdoar, mas também precisamos falar sobre não ofender.

Muitas vezes, cobramos perdão das pessoas sem avaliar o que fizemos a elas.

Uma pessoa ofendida, carrega consigo outras pessoas que sofrerão as consequências dessa ofensa. Uma traição que leva ao divórcio, não trará consequências somente aos cônjuges, mas também aos filhos, pois eles terão sua vida emocional afetada, gerando uma reação em cadeia de problemas emocionais, de relacionamento e no seu desempenho escolar e/ou profissional.

É cômodo cobrar perdão de pessoas que foram profundamente depreciadas por palavras ou traídas em seus relacionamentos. Dizer, de forma superficial, "Você tem de perdoar", sem entender o motivo da dor, só aumenta o peso de quem já carrega o fardo da ofensa nas costas. Como se não bastasse a dor de terem sido feridos, alguns são ainda acusados de possuírem um coração duro e não perdoador.

Perdoar é um caminho que, muitas vezes, é trilhado por pés que ainda estão sangrando. Muitos que foram vítimas de ofensas terríveis acabam sentando-se no banco dos réus, acusados de provocar o próprio sofrimento por não perdoarem imediatamente.

Olhando para cruz, é possível ter uma melhor noção do custo do perdão.

Devemos, sim, perdoar, mas também devemos, mais do que isso, evitar ofender nosso próximo, seja ele quem for.

Os discípulos nunca pediram fé para expulsar demônios ou curar enfermos, mas pediram fé diante da afirmação de Jesus de que deveriam perdoar seus ofensores várias vezes ao dia: "Olhai por vós mesmos. E, se teu irmão pecar contra ti, repreende-o e, se ele se arrepender, perdoa-lhe. E, se pecar contra ti sete vezes no dia, e sete vezes no dia vier ter contigo, dizendo: Arrependo-me; perdoa-lhe. Disseram então os apóstolos ao Senhor: Acrescenta-nos a fé" (Lucas 17.3-5; ACF).

Se os homens que andaram lado a lado com Jesus pediram fé para perdoar tanto, devemos fazer o mesmo. Mas mais do que isso, devemos evitar ofender as pessoas uma vez que não sabemos a medida de fé de cada uma. Existe algo ainda mais bonito do que pedir perdão: Não precisar de pedi-lo.

PERDOAR É ESQUECER?

O perdão não é ser acometido por algum tipo de amnésia sobrenatural. Muitos dizem ter perdoado, pois se esqueceram do que aconteceu. Perdão está mais associado ao lembrar-se do que ao esquecer. Lembrar-se de um fato não é sinal de falta de perdão. Pelo contrário, as experiências de uma pessoa com suas lembranças são determinantes para saber se o perdão aconteceu ou não. Se lembrar do fato ocorrido faz você ponderar sobre o nível de intimidade que será dada a quem lhe ofendeu, cabe a você perdoar, mas nem sempre o ofensor entende que cabe a ele a mudança de comportamento.

O perdão não é uma porta aberta para uma nova ofensa. Se alguém é constantemente ofensivo, é bom que a pessoa ofendida se distancie desse ofensor (sempre que possível). Perdoar não significa que o perdoador deva suportar ofensas constantes. Não é sábio permanecer na presença de uma pessoa que sempre lhe causa dor. Ore sempre pedindo que Deus transforme o coração do ofensor, mas enquanto a transformação não é percebida seja cauteloso ao se aproximar.

AFINAL, O QUE É PERDOAR?

Perdoar não é um sentimento, mas uma decisão que leva a uma ação. O nosso coração, tomado por sentimentos ruins e inclinados ao pecado, jamais sentirá vontade de perdoar uma pessoa que nos tenha ofendido profundamente. Perdoar exige uma disciplina de submeter a vida ao senhorio de Cristo. O excesso de liberdade permite que as pessoas se achem no direito de escolher se vão perdoar ou não. É incrível quando presenciamos pessoas que se declaram cristãs, afirmando até com certo orgulho: "Eu não perdoo."

Aqueles que aceitam a Cristo aceitam o seu senhorio, que nos liberta do jugo do pecado, mas também nos impõe um jugo de obediência a seus ensinamentos. Esse jugo é suave e esse fardo é leve, mas ambos continuam existindo mesmo na vida com Cristo. Veja o que a Bíblia diz: "Tomai sobre vós o meu jugo, e aprendei de mim, que sou manso e humilde de coração; e encontrareis descanso para as vossas almas. Porque o meu jugo é suave e o meu fardo é leve" (Mateus 11.29,30).

Com o jugo de Cristo, caminhamos em seus passos e obedecemos a seus mandamentos. Ele é aquele que liberou perdão do alto de uma cruz, enquanto as pessoas lhe ofendiam e questionavam sua identidade. Ele é aquele que ensinou sobre perdão na seus discípulos, dizendo: "Porque, se perdoardes aos homens as suas ofensas, também vosso Pai celestial vos perdoará a vós" (Mateus 6.14).

Jesus não ensinou nada com palavras que não tenha demonstrado na prática. Nossos sermões e canções sobre amar o próximo devem ganhar vida com as nossas atitudes. Perdoar é uma das maiores declarações de amor não somente a quem o recebe, mas a si mesmo, uma vez que o ganho com saúde emocional e física é incalculável.

O PERDÃO NA FAMÍLIA E A SOMATIZAÇÃO DOS SENTIMENTOS

Na família, o perdão é um remédio de uso contínuo. Sempre estamos perdoando em níveis diferentes. De uma garrafa de água vazia na geladeira a uma palavra dita de forma indevida, será exigido de nós que liberemos a bênção do perdão.

A Bíblia sempre vai comunicar os comportamentos positivos que se obedecidos nos pouparão de pedidos de perdão, uma vez que não haverá ofensa: os filhos devem honrar seus pais (Êxodo 20.12); os pais não devem provocar a ira dos filhos (Efésios 6.4); o esposo deve amar a esposa como

Cristo amou a igreja (Efésios 5.25); a esposa deve honrar o marido (Efésios 5.22); os irmãos devem viver em comunhão (Salmos 133.1).

DA ALMA PARA O CORPO

Ressentimento literalmente significa "sentir de novo". Aquele ciclo em que a pessoa volta a sentir as mesmas sensações experimentadas no dia em que sofreu a ofensa resulta em doenças não somente na alma mas também no corpo. O processo de somatização, que é a construção física de um desequilíbrio psíquico, só aumenta o sofrimento de quem já tem de lidar com a mágoa:

- ***Cabeça***: Dores de cabeça e enxaqueca podem ser associadas a ambientes rígidos e repressores.
- ***Coluna***: Não somente a sobrecarga física, mas também a emocional, faz que a pessoa sofra com dores na coluna.
- ***Intestino***: Pode sofrer com irritação e desconfortos devido a crises de ansiedade.
- ***Garganta***: Sensação de sufocamento e dificuldade para engolir são também sintomas de ansiedade.
- ***Pele***: Coceira, irritação e formigamentos podem ter origens emocionais.
- ***Músculos***: O estado de tensão constante devido a conflitos interiores pode gerar dores intensas.

- ***Coração***: Sensação de dores no peito, palpitações e pressão alta surgem devido ao grande estresse emocional.

PERDOAR É UM VERBO

Precisamos insistir em lembrar que perdoar nos leva a uma ação. Quando Deus perdoou os nossos pecados fez isso através da entrega do seu Filho. O perdão deve nos levar a atitudes que serão instrumento de cura tanto para quem o libera e como para quem o recebe. Vejamos algumas dessas ações.

1) **Decida não se vingar, dando fim à ofensa.** Você não precisa continuar sofrendo. Você não é responsável pelas ações dos outros, mas totalmente responsável por suas reações a elas. Maquinar um plano de vingança é como tirar a casca de uma ferida quase cicatrizada.

2) **Compartilhe a sua ferida com alguém.** O acolhimento é sempre feito por outro. Verbalize suas emoções para alguém de confiança e permita que outro ministre cura sobre a sua vida através da Palavra e da oração.

3) **Perdoe a si mesmo.** Não se culpe por seus choros e até mesmo pelos sentimentos de raiva. A Bíblia nos orienta a dar lugar à ira (Romanos 12.19), reconhecendo que

existiria a possibilidade de o ser humano ficar irado. Muitos, além de ofendidos por outros passam a ofender a si mesmos, como se fossem culpados por tudo que aconteceu.

4) **Compreenda o ofensor.** Depois de um tempo de oração, aconselhamento e até terapia, o ofendido consegue enxergar seu ofensor de outra forma. Na maioria dos casos percebe-se a máxima "Somos vítimas de outras vítimas".

5) **Encontre um sentido para a ofensa,** por mais difícil que possa parecer. Cada ferida curada é uma oportunidade para crescer. Pergunte-se, por exemplo: O que essa ofensa me ajudou a descobrir a meu respeito e de meus limites e recursos? A partir dela, o que passei a conhecer a respeito de minhas fragilidades? Que mudança promoveu em minhas relações com os outros?

Viver o novo de Deus requer que a pessoa saia do passado. O perdão tem papel fundamental nisso, já que pessoas ofendidas insistem em visitar o ontem, adoecendo hoje e comprometendo o amanhã. E, com relação ao comprometimento do futuro, quando o assunto é a falta de perdão, compromete-se nada menos que a eternidade, já que a oração do Pai Nosso, deixa uma condicional para o perdão, a saber: "E perdoa-nos as nossas dívidas, assim como nós perdoamos aos nossos devedores" (Mateus 6.12; ACF)

Assim, não temos outra alternativa diante da ofensa, além de estender o perdão a quem quer que seja que nos tenha ofendido. Não se espera outro comportamento daqueles que, com tão grande amor, foram amados e de tão grandes pecados foram perdoados. Se alguém diz que feridos ferem, que também se diga que perdoados perdoam.

Fixando o Aprendizado

1. Por que a ofensa a uma pessoa acaba atingindo muitas outras?

2. "Quando perdoamos esquecemos." Esta frase está correta? Explique.

3. Cite as orientações bíblicas para se evitar a ofensa no seio familiar.

Printed in Great Britain
by Amazon

40192999R00079